中国叙事

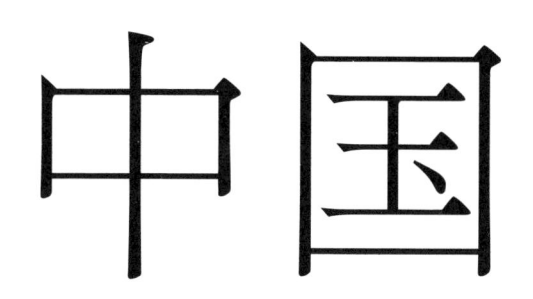

如何讲好中国故事

郑永年 杨丽君

——

著

中信出版集团 | 北京

图书在版编目（CIP）数据

中国叙事：如何讲好中国故事 / 郑永年，杨丽君著
. -- 北京：中信出版社，2023.9（2024.3重印）
ISBN 978-7-5217-5904-4

Ⅰ.①中… Ⅱ.①郑… ②杨… Ⅲ.①政治制度－研究－中国－现代②中国经济－经济制度－研究－现代
Ⅳ.①D621 ②F121

中国国家版本馆CIP数据核字（2023）第139071号

中国叙事——如何讲好中国故事
著者： 郑永年 杨丽君
出版发行：中信出版集团股份有限公司
（北京市朝阳区东三环北路27号嘉铭中心 邮编 100020）
承印者： 北京通州皇家印刷厂

开本：880mm×1230mm 1/32 印张：8.25 字数：185千字
版次：2023年9月第1版 印次：2024年3月第4次印刷
书号：ISBN 978-7-5217-5904-4
定价：75.00元

版权所有·侵权必究
如有印刷、装订问题，本公司负责调换。
服务热线：400-600-8099
投稿邮箱：author@citicpub.com

目　录

自　序　中国叙事：从读懂中国到主动解释中国 / III

第一章　中国话语：另一种制度选择

西方为什么妖魔化中国？ / 007

如何让西方读懂、接受和认同中国？ / 017

如何实现中国与西方的有效对话？ / 031

第二章　"世界问题，中国方案"与"中国问题，世界方案"

"中国共产党叙事"的"常识"是什么？ / 039

"中国问题世界化"的探索 / 043

特殊性和普遍性缺一不可 / 051

第三章　如何叙述中国经济制度？

我们该如何把中国的经济制度说清楚？ / 057

资本主义的前途在哪里：西方经济危机

及其改革呼声 / 065

政治和经济的分离：西方政治经济学简史 / 077

经济发展是政府的责任：中国政治经济学简史 / 089

第四章　如何正面叙述中国政治制度？

美西方对中国政治制度的围堵 / 109

美国内部和美西方之间可能的分化 / 121

西方治理危机及其根源 / 125

中国政治制度的核心是中国共产党 / 129

第五章　西方之乱与中国之治的制度根源

西方之乱与中国之治 / 161

西方：自由主义秩序的衰退与西方之乱 / 165

中国：共产党的制度创新与中国之治 / 177

第六章　中国如何应对中美意识形态的斗争？

当代认同政治恶化着各国内政和外交 / 193

美国的对华认同政治战 / 201

中国的应对 / 211

附录 1　讲好中国故事，需要构建中国原创性政治经济学理论 / 225

附录 2　讲好中国故事，世界性和中国性不可分割 / 232

自序

中国叙事：从读懂中国到主动解释中国

郑永年

"中国为何？"已经成为国际政治的一个重大问题，甚至是最主要的一个问题。尽管我们内部这些年也在讨论"何为中国"的问题，但这只是一个层面的问题，即中国的内部认同问题和"中国"形成过程中那些恒定的因素与变化的因素。而国际层面的讨论似乎更具哲学和理论意义，即要为中国定性——中国代表的是一整套什么样的价值系统。美国总统拜登在 2021 年 12 月召开所谓的"世界民主峰会"就是要实现其世界"两极化"的目标，"两极"即是以美国为代表的一极和以中国为代表的一极。拜登执政之后，一直把中美关系简单地定义为"美国民主"与"中国专制"之争。人们普遍认为，拜登组织的"世界民主峰会"实际上是美国对华意识形态冷战的"宣言"。美国的这种行为并不难理解。自登上世界舞台以来，美国的一项重要使命甚至可以说是宗教式的使命，便是把美国所代表的西方价值观带向世界其他地方，或者让世界其他地方接受美国的价值观。

就知识追求而言，意识形态之争毫无意义。如果从意识形态出发，知识就非黑即白，但真实的世界并非如此。在真实世界中，人们都可以找到几种主义共存的现象。正如经济学家熊彼特在其大作《经济分析史》中所详细讨论的，在资本主义成为西方主导性生产方式之前的封建社会已经产生了资本主义所需要的几乎所有要素。从经验来看，简单地用"主义"来分析历史的进展并不科学，因为在任何一种社会形态中，都可以找到被人们称为各种"主义"的因素；同样，人们所宣布的用一种"主义"替代或者消灭另一种"主义"的情况也没有发生。现实如此复杂，人们并不能用一种"主义"来概括之。

但是，人们绝对不能低估以"主义"为代表的意识形态的重要性。如果忽视了各种"主义"之间竞争和斗争的历史，人们很难理解迄今为止的历史是如何造就的。就大历史而言，近代以来已经发生了两波世界范围内的意识形态之争。第一波是欧洲国家内部资本对马克思主义的围堵。西方经济史上，从以亚当·斯密和李嘉图为代表的古典自由主义到二战以后以芝加哥学派为核心的新自由主义，聚焦的是如何创造财富。而以卢梭和马克思的理论为代表的经济学探讨的则是如何实现社会公平。前者代表资本的利益，后者代表劳动者的利益。马克思主义是欧洲社会主义运动的思想基础，自然就遭遇了资本的围堵和扼杀。资本对马克思主义的围堵尽管主要发生在西方资本主义世界内部，但也是很血腥的。两者之间的对立直接促成了资本主义从原始资本主义到福利资本主义的转型。第二波为西方资本主义国家对苏联的围堵。十月革命之后的苏联把马克思主义现实化，消灭了私有制和市场，强化国家在经济发展过程中的主导作用，这和西方资本主义形成了直接的对立。苏联处于西方的外部，美苏冷战持续了半个世纪，最终以苏联的解体宣告结束。

今天，以美国为核心的西方转向对中国的意识形态进行围堵。对此，我们应当有非常清醒的认识。在中国改革开放之初，以美国为核心的西方希望中国成为另一个"西方"国家。尽管西方向中国开放是基于利益考量，但美国的这种"希望"构成了其向中国开放的政治算计。美国一旦认为中国不仅不可能变成它所希望的国家，还对它构成了挑战，就转而把中国归入"另类"，围堵和遏制中国。今天美国对中国所做的一切，和美苏冷战期间美国对苏联所做的并没有多大的区别。当然，美国是否有能力像围堵苏联那样来围堵中国则是另外一个问题。

在这个国际大背景下，人们不难理解近年来我们一直所从事的"读懂中国"事业的重大意义。因为中国的崛起，国际社会对中国往何处去有很多不确定性。一些西方国家更是有意无意地把自己的逻辑强加在中国身上。所以，我们要逆转这个局面，帮助国际社会读懂中国，不要让西方把对中国的理解强加到我们身上。和西方不同，我们有中华文明自身的逻辑。尽管我们是在开放状态下成长起来的，在这一过程中也向西方学了很多经验，但我们不仅不会变成西方国家，反而越来越"中国"。这些年，我们提倡"文化自信"（或者"文明自信"）就是中国文明复兴的理论表述。

就我们自身而言，如果"读懂中国"主要是帮助世界读懂中国，那么我们首先需要自己读懂中国。但这个问题恰恰是人们所忽视的，因为很多人假设我们是懂中国的。这些年来，我们在"讲中国故事"领域花费了不少人财物力，但效果似乎不是那么理想。如果我们越讲，人家越不懂，那么就表明我们讲故事的内容或者方式是有问题的。固然不管我们如何讲故事，外在世界的少数人，尤其是那些坚定的反华人物，总是"不懂"，但这一解释并不适用于大多数人。如果我们讲的故事为外在世界的大多数人所听懂和接受，那么这些少数人的"不懂"也就不重要了。故事没有讲好的原因是多方面的，讲故事者本身没有"读懂中国"也是主要原因之一。

近代之初，中国实际上是从"读懂西方"开始的。那个时代，因为封闭、落后，中国被西方列强的船坚炮利打开了国门。我们挨打，所以我们迈开开放的第一步就是读懂西方。就是说，尽管近代以来的第一波开放是被迫的，但就我们自己而言，这一波开放就是从读懂西方开始的。第二波开放始于20世纪70年代末和80年代初邓小平所开启的改革开放。这一波开放是主动的开放，但实际上也是从读懂外在世界开始的。在80年代，那些近代以来帮助我们读懂西方的作品，无论是翻译过来的西方作品还是中国学者自己写的介绍西方的作品，一版再版，就是一种具体表现。在改革开放40多年之后，中国已经融入世界。照理说，我们现在已经拥有了优越的条件来同时读懂世界和读懂自己。但是，我们必须承认，无论是读懂世界还是读懂中国，我们都面临严峻的挑战。就如何让世界读懂中国来说，我们自己读懂中国必须被置于最高议程。很显然，如果我们自己都不能读懂中国，那么如何帮助外在世界来读懂中国呢？

也就是说，我们更需要帮助自己读懂中国。不难发现，有些人，尤其是年轻人对我们中国本身的理解还是有欠缺的地方。近代以来的主流是西方文化，一开始我们用了大量西方的概念和理论做中国研究。这对中国的现代化固然是非常重要的，但是我们在这个过程中往往失去了自己的东西、自己的文明和自己的文化。西方叙事反映的是西方的社会科学概念和理论，而这些都是建立在西方的实践经验之上的。简单地用西方叙事的概念和理论来研究中国，很难把中国故事讲好。一个明显的事实是，今天的西方依然掌握着话语权，控制着世界舆论场。如果我们要讲好中国故事，这样的做法显然是不可持续的。

这里便涉及一个重要的核心问题，那就是在读懂中国之前，我们必须首先解释中国。如果说现在读懂中国的效果还不够好的话，那么原因就在于我们没有把中国解释好。在笔者看来，读懂中国的核心目标其实是确立以中国实践经验为基础的中国自己的知识体系。西方的强大，核心不仅仅是经济总量大、经济技术强，而且在于他们创造了一套建立在自己实践经验基础上的知识体系。因为这套知识体系能够解释西方是如何发展和强大起来的，西方人所讲的西方故事就很容易被非西方读者接受。近代以来，最有效的社会科学理论便是"知行合一"理论，就是所有理论都有坚实的经验基础,是可以验证的。中国如果要强大起来,那么随着经济的强大,也必须建立起一套能够解释自身行为的知识体系,而这套知识体系是帮助外在世界读懂中国的终极工具。在早期,很多学者往往简单地搬用西方的概念和理论来解释中国现象。但现在情况不一样了,越来越多的中国学者发现和指出西方的概念和理论解释不了中国现象,因此学界不乏批评西方社会科学理论的努力,更有学者一直在提倡和呼吁要建立中国学派。然而,迄今确立"中国学派"依然是一种理想,除了"解构"西方社会科学的努力,人们少见"建构"中国社会科学概念和理论的努力。

一句话,"解释中国"是构建基于中国实践经验之上的社会科学知识体系的最有效方法,而"解释中国"于我们来说还任重道远。根据法国社会学家杜尔凯姆的说法,社会科学研究就是对"社会事物"的研究,包括对实践、政策等社会现象的研究。从这个角度而言,人类的实践就是学术研究的基础,学术是对过去实践经验研究的积累。学术的核心是概念、理论和原理。但在社会科学中,尤其是近代以来的实证社会科学中,几乎所有的概念和理论都是对实践(包括政策)的提炼。我们可以举古希腊学者亚里士多德的《政治学》为例。这是一本最为经典的政治学作品,但读过这本书的人都知道,亚里士多德的理论基础就是古希腊各个城邦所实行的不同的政体或者政治制度,他经过比较分析,构建出一套理论。西方整个政治学体系都是建立在不同的政策或者制度实践之上的。霍布斯的《利维坦》是英国当时国家形式的反映，洛克的《政府论》也是。世界上从来就不存在抽象的概念和理论。从经验来看，实践（包括政策）总是先于概念和理论而存在。黑格尔说，"存在的就是有其理由的"，这句话道出了概念和理论的真谛。社会科学的本质就是对"社会事物"的解释。

对自然界各种存在的解释构成了科学或者纯理论。在这方面，中国和西方表现不同。传统上，中国所发现的自然现象也不少，但我们少有解释这些现象的纯理论，因此我们没有产生像西方那样的纯科学。我们的文化强调实用和应用，但对与实用和应用无关的纯理论不那么感兴趣。西方则不同，西方文化不会停留在发现自然现象，而是还要追究自然现象出现的理由，这导向了西方的纯科学。这里以火药为例。火药是中国发明的，英国近代思想家培根就说过，中国的三大发明（印刷术、火药和指南针）塑造了近代世界。但在发明火药之后，中国尽管有各种应用，却对火药本身的研究缺乏兴趣。也就是说，中国有火药技术，却没有火药科学。人们可以说，火药科学助力西方的崛起，但中国却被自己发明的火药打败了。

在社会科学上更是如此。中华文明是世界上唯一一个没有中断过的文明，中国的每一朝代都有详细的历史记载。正因为如此，中国产生了大量的史学家。但在读二十四史和其他伟大历史著作的时候，人们可以提出一个问题：为什么我们有那么丰富的历史记载和材料，却没有产生类似西方的经济学、政治学、社会学等社会科学呢？中国方方面面的实践实在太丰富了，但这些实践并没有被提升为社会科学的概念和理论。

但是，社会科学家光解释"社会事物"还不够。社会科学家不仅仅是分析社会事物的工具，还有其自己的价值观，根据其价值观去塑造社会。因此，马克思认为，哲学家的两大任务便是解释世界和改造世界。

正因为这样，一不当心，社会科学家就会构建出各种不同的"乌托邦"，希望能够在人间实现符合其理想的社会。所谓的"乌托邦"就是没有现实可行性的。人是一个道德个体，充满情感和知识想象，构建乌托邦是一种自然的现象。尽管乌托邦在一些时候助力人类的进步，但人类社会上大的乌托邦运动则对人类社会造成了巨大的伤害。例如，自由主义批评马克思主义是乌托邦，但发展到今天，新自由主义本身又变成了另一个极端的乌托邦。

如何避免乌托邦？我们可以引入马克斯·韦伯的"价值中立"概念。人是社会性动物，人有立场和观点受制于文明、文化、价值观、意识形态等因素，因此人很难做到完全的"价值中立"。但是在解释"社会事物"的时候，必须尽最大努力来实现"价值中立"，否则就如我们平常所说，戴着有色眼镜看问题总会出现很多问题。

我们可以把社会科学家和其所生活的社会与世界的关系比喻为医生和病人之间的关系。医生根据其所学到的知识和积累的经验给病人看病。医生的道德底线是治病救人，而不是把病人医死。如果病看好了，表明医生的知识是对的，经验足够。但如果医生医不好病，那么医生只能说自己所学的知识不够甚至不对，或者自己经验不足。没有医生会说，医不好病是因为病人的病生错了。

但今天的一些社会科学家却认为"病生错了"是存在的。社会科学家根据自己所学的知识来解释社会现象，解释得通的时候，可以说其掌握的知识是有效的，解释不通的时候，则不能说社会现象是不对的，只能说其所学的知识不够用了，需要新的知识。但很可惜，一些社会科学家在解释不通社会现象时，往往认为是社会现象本身出了问题，而自己的知识没有问题。

这绝对不是说社会科学家只解释"社会事物"，承认所有的"存在"都是合理的。存在有其理由，但有理由并不意味着合理。社会科学家是社会人，是道德体，他们诊断社会问题（例如自杀和他杀问题、一项政策对不同社会群体的影响、巨大政府工程对社会的影响等等），需要找出解决这些问题的方法，就像医生要把病人的病医好那样。

我们今天所见到的社会科学是近代欧洲的产物。从社会科学的建构来说，有两点是相当清楚的。第一，基于"价值中立"之上的分析是社会科学的基础。所有有效的社会科学理论都是对"社会事物"的分析。近代以来流行各种"主义"，但它们一开始都是基于实证之上的研究，而非"主义"。一旦成为"主义"，那么就成了意识形态。第二，"社会事物"是变化的，对"社会事物"的解释也需要变化，解释、再解释构成了社会科学创新和发展的巨大动力。

不管怎样，我们自己的社会科学、知识体系，也必须建立在我们自己的实践经验之上。中国的崛起必须伴有自己的一套能解释自己的知识体系，没有这样一套知识体系，不仅自己不能读懂中国，更难帮助外在世界读懂中国。因此，无论从哪个角度来说，读懂中国都是一项伟大的事业。

基于"解释中国"是读懂中国的基础这一信念，这些年来，笔者试图在解释中国方面做一些努力，涉足政党、政治体和政治经济系统等各个方面。《中国叙事》就是对这些研究基础的"非学术"表述，意在让读者意识到，只要我们有意识，解释中国不仅必须，也是可能的。希望《中国叙事》这本小书能够为读懂中国这项事业做出一点小小的贡献。

第一章

中国话语：另一种制度选择

中国共产党第十八次全国代表大会以来，中国在进行自身制度建设的同时提出了"另一种制度选择"的概念，也就是向世界提供西方制度之外的另一种制度选择。这是中国制度自信最直接的反映，也符合世界发展尤其是广大发展中国家发展的需要。

就中国自身发展而言，自改革开放以来，我们同时实现了两个"可持续"，即可持续的经济发展和可持续的社会稳定。纵观世界，这两个"可持续"很难同时实现。一些国家经济发展了，但社会变得更加不稳定了；一些国家在经济上长期陷入低水平发展或者中等收入状态，社会长期不稳定；而更多的国家则是经济和社会两者都处于停滞不前的状态。中国实现了两个"可持续"，其背后的原因在于第三个"可持续"，即可持续的政治制度支撑和领导。中国的政治制度与时俱进，符合社会经济的变迁，执政党更能进行自我革命，保持政治体制的先进性，引领社会经济的变迁。这也是今天我们制度自信的来源。对于这三个"可持续"，我们需要概念化和理论化，形成中国自己的政治经济学理论，在总结过去经验的基础上指导未来的发展。

就国际发展而言，西方民主政治正经历着二战以来最为严峻的治理危机。尽管西方诸国尤其是美国从这波自20世纪80年代开始的超级全球化中获得了巨大的利益，但因为收入和财富差异的迅速加大，社会极度分化和分裂，民粹主义普遍兴起。民粹主义首先体现在欧洲政治上，主要通过移民表达出来，即一些极右政治力量组织的反移民浪潮。但民粹主义很快就扩展到西方民主的大本营美国，并且在美国得到了最充分的体现。这不仅仅是因为美国的收入和财富差异已经达到 50 年来之最，也是因为美国没有像欧洲那样的福利制度。民粹主义的崛起迅速影响到美国的两党政治，并转变为党派之争，造成今天的混乱局面。

中国的成功与西方的危机使得中国的另一种制度选择对广大发展中国家更具现实意义。近代以来，亚非拉很多发展中国家沦为西方的殖民地。二战之后，尽管发展中国家纷纷独立，但它们普遍接受了西方殖民者所留下来的政治制度，或者深受原来殖民地制度的影响。表面（文字表述）上，这些国家的制度体系与发达国家相差无几，但在实践中，很多制度很难有效运作。不仅如此，西方式的制度体系反而成为这些国家低度发展或者发展不足的制度障碍。中国在短时期内迅速崛起对发展中国家具有参照意义，它们有动机和动力来学习中国。但是，因为这些国家的政治精英大多接受西方式的教育，因此他们并不能正确理解中国成功故事背后的制度要素。

从另一方面看，我们应当清楚地认识到，我们在话语（软实力）方面仍然有很大的缺失，这种缺失不仅表现在美国民众中，而且表现在整个西方。可以说，我们面临着严峻的形势。我们迫切需要改变我们讲述中国故事的方式，调整我们塑造中国话语的策略。西方所经历着的民粹主义政治危机对我们来说是一次很好的机会,我们要从正面叙述中国成功故事背后的制度要素,充分利用西方对中美制度认知的变化,来叙述中国的"另一种制度选择"。

西方为什么妖魔化中国？

苏联和东欧社会主义政权解体之后，美籍日裔政治学者福山（著有《历史的终结与最后的人》一书）宣布这是"历史的终结"，相信西方自由民主是人类最好也是最后的政体，这种乐观情绪从美国蔓延到整个西方世界。但2008年全球金融危机是一个转折点，因为危机之后，没有人这样自信了。由中产阶层的萎缩造成的社会分化直接导致了多党政治的极端分化，美国尤其典型，反对党为了反对而反对，变成"否决党"。历史上，当社会经济发生危机的时候，一个有效政府成为稳定局势和解决问题的关键，但党派政治成为西方尤其是美国产生有效政府的最大制度阻力。在没有一个有效政府的情况下，社会经济形势势必恶化，美国今天所面临的情形就是这样。尽管很多人把所有责任推给特朗普，但特朗普本身的崛起就是社会分化的结果。不过，特朗普很显然已经大大恶化了美国的社会分裂。

正因为是结构性的问题，所以美国的治理问题不会因为换了一个总统就能缓解，更不用说解决了。尽管新总统拜登宣称新政府的政策向弱势社会群体和中产阶层倾斜，但并没有多少美国人相信拜登能够改变美国现状，更多的人持悲观看法。美国广播公司（ABC）与益普索于 2021 年 1 月 24 日公布的民调显示，多达 1/5 的民众对拜登政府能使国家更团结感到"毫无信心"。美国国家广播公司新闻网（NBC News）的民调则显示，拜登将面临日渐极化、悲观且痛苦的国家。该民调还显示：超过七成选民相信，美国正走在错误的轨道上；另有七成受访者觉得，下一个四年，美国在政治上会更分裂，且绝大多数人对国家的未来持悲观态度。美国哈特研究协会的民主党民调专家杰夫·霍威特说："特朗普把一个分裂、脱离正轨且前景欠佳的国家留给了拜登。"

美国人这样看，美国的欧洲盟友更是这样看。特朗普任期四年，美国在欧洲人心目中的软实力急剧下降。新冠肺炎疫情发生之后，没有一个美国的盟友求助于美国，这是美国进入世界体系之后 100 多年来的首次。这不仅是因为美国自顾不暇，更是因为美国的盟友已经开始不认同美国这位"领袖"了。美国的欧洲盟友不仅对美国的领导力失去信心，而且更进一步追求自己独立于美国的外交空间。

尽管对拜登的上台，欧洲人普遍持欢迎态度，但是这并不意味着欧洲可以在短期内恢复对美国的信任，或者期望拜登可以在短期内恢复美国的软实力。法国国际广播电台一篇题为《欧洲人已丧失信心：拜登也无法阻止美国的沉沦》的报道表明了欧洲对当今美国的认知。德国《法兰克福汇报》也发文认为，美国的功能失调现象已很明显。该文称，有关美国衰落的说法已经流行了很长时间，世界经济实力以及地缘力量在非常明显地朝中国推移，美国的功能失调在新冠肺炎疫情发生之后变得更为剧烈。

无效的抗疫、分裂的社会、高涨的民粹主义、堕落的精英、互相否决的两党政治，所有这些已经改变了人们对美国民主的看法。尤其是在把美国的疫情失控和中国的有效抗疫做比较的时候，人们改变了对中国政治制度和美国政治制度的看法。2020年一项由德国马歇尔基金会发布的调研显示，新冠肺炎疫情导致越来越多的西方民众将中国视为国际上的顶级大国，而美国的领导地位却在下滑。这项调研收集了法国、德国和美国民众的意见，发现新冠肺炎疫情发生以来，人们对于中国影响力的认知有了明显提高。尽管他们认为中国在初期疫情扩散方面负有一定责任，但他们更认同中国作为"援助者"的国际角色。

在法国受访者当中，认为中国是最具影响力的全球大国的人的比例从2020年1月的13%激增至5月的28%。而在德国受访者中，这一比例从12%提高到20%，持这一观点的美国受访者比例则从6%增至14%。

德国马歇尔基金会巴黎办事处副主任马丁·昆塞斯分析说："在疫情危机之前，中国在世界上的影响力更像是一个抽象概念……但是（现在）如果你想一想各国在口罩和医疗设备方面对中国的依赖的话，这个概念就变得非常具体了。"昆塞斯预计，这种影响力会持续下去，而且民众对于中国影响力的认知变化是广泛存在于各个年龄、阶层和政治阵营当中的。他总结说："这看起来更像是一种结构性的转变，而不是对危机的某种应激反应。"

法、德、美三国的受访民众认为尽管美国仍然是全世界最具影响力的大国，但是已经不像过去那样具有压倒性优势了。在2020年5月的问卷调查中，55%的法国人将美国视为全球头号大国，这一比例跟1月的67%相比已经明显下降。德国也出现了类似的变化。

西方知识精英尽管总体上仍然坚持意识形态，视中国为"专制"政权，但知识阶层的分化也是显而易见的。一直高举自由主义大旗的《经济学人》杂志于2020年2月18日发表了一篇题为《类似新冠肺炎那样的疫情在非民主国家更为致命》的文章，它在对1960年以来所有流行病数据加以分析后发现，"在任何特定的收入水平条件下，民主国家的流行病死亡率似乎都低于非民主国家"。文章说，主要原因是专制政权"不适合处理需要信息自由流动，以及公民与统治者之间需要公开对话的事务"。

《经济学人》在发表这篇文章的时候，西方的疫情扩散形势并没有像后来那样严峻。但到今天，西方已经没有这样的声音了，因为很难有经验证据来支持这样宏大的论断。新冠肺炎疫情到处横行，没有国别的认同，更没有政治制度的认同。就算不做民主与非民主国家的比较，不做中国与美国之间的比较，这一论断也无法对西方本身的疫情做出解释。西方民主国家一直被视为言论自由、信息自由流通的典范，并且这些国家也是世界上经济最发达的，拥有先进的医疗和公共卫生体制，如何解释西方所面临的如此严峻的生命危机呢？

最典型的就是美籍日裔学者福山，他公开声称，中国是第一个有效应对新冠肺炎疫情的"非民主"国家。

拜登当选美国总统，这让欧洲人松了一口气，但并没有给欧洲人带来欢快情绪。在欧洲对外关系委员会的一项民意测验中，参与者来自11个国家，他们中的多数人怀疑拜登有能力阻止美国的内部分裂，甚至不相信拜登能够阻止美国的衰败。与此相反的是，他们认为中国的国力在继续上升。德国有55%的受访者表示：中国将在10年内超越美国。持这一观点的西班牙人占79%，意大利人占72%。中国经济在疫情打击下快速恢复给这一观点提供了有利证据。欧洲人对美国的矛盾情绪越来越明显。这项民意测验发现，如果美国和中国（或俄罗斯）发生冲突，至少有一半的受访者赞成中立，德国持这种观点的人占2/3。

但很可惜的是，我们并没能利用这个大好机会把我们"另一种制度选择"的故事讲好，这一点也被西方观察家观察到。正如《法兰克福汇报》所言，在美中激烈冲突中，美国新总统拜登也无法阻止美国的沉沦，很多欧洲人认为美国正在衰败，而中国的影响力则在继续上升，但"中国的软实力是低下的"。

在过去的数年里，西方的一些极端反华反共力量发动了妖魔化中国制度的大规模"话语"运动，尤其是围绕新冠、新疆、香港等话题进行大肆炒作。我们对这些妖魔化中国的言论加以有力回击，但效果有待进一步提升。西方的各种民调显示，西方民众对中国的负面看法仍在高位运行。

为什么我们在行动上很成功，却在话语上趋于微弱？这是我们需要思考的问题。这至少表明我们没能把行动上的成功转化为话语权。

这种情况的产生既有客观上的因素，也有主观上的因素。从客观上说，一个国家要确立话语权和软实力实属不易。西方的软实力不仅来自其近代工业化以来的成功，更来自历史久远的"传教士式"的传播。工业化为西方带来了硬实力，没有这种硬实力，软实力就无从谈起。但近代崛起的社会科学则把西方的硬实力转化成了软实力。改革开放以来，中国集聚了硬实力，但要把硬实力转化成为软实力也需要时日，尤其取决于中国社会科学的建设。

主观层面的原因包括两个：一是西方反华反共力量"妖魔化"中国；二是我们没能根据西方世界对中国的客观认知塑造让西方主流社会认可的话语。

西方反华反共力量对中国的妖魔化的影响是深刻的。尤其是过去数年，美国政界的主要人物投入了大量的人财物来妖魔化中国，对美西方的一般民众的中国认知产生了非常负面的影响。各种民调显示，近来美国民众对华的好感度降至中美建交之后的最低点。

不过，除了需要对一些激进的反华和反共人士进行有效回击，对美西方社会的反应（哪怕是激进一些的反应），我们还应当加以理解，认真剖析，从而找到更为有效的回应方式。尽管美国一些政治人物刻意妖魔化中国的政治制度，但那些理性的分析家意识到了中国崛起背后的制度支撑。正如美国哈佛大学国际关系教授斯蒂芬·沃尔特在《外交政策》杂志发表的文章所言：从1776年到20世纪90年代，美国人可能收获了一长串胜利，但自那以后，中国的成绩单更为亮眼；中国的经济规模将很快大幅度超过美国，它早已经远离毁灭性战争的威胁，其统治精英也相信他们注定会成为21世纪的一大（如果不是唯一的）领导力量；他们的制度模式总体运行良好，他们充分参与关键国际机构的活动，并出现在世界的每一个地区。

中国的快速崛起和西方制度所呈现出来的弊端，使得西方的很多人越来越不自信，这种不自信尤其表现在美国精英身上。美国是一个"危机感驱动"的社会，政治人物和媒体渲染中国的"制度威胁"，民众也信以为真。美国这一波反华浪潮主要集中在反共和反对以共产党为核心的中国整体政治制度上。美国政治人物和学界反共人士把中国共产党和中国人民区分开来，把中国共产党和其领导集体区分开来，就是为了达到这一目的。

对此，我们的回应是反美国所谓的"自由民主"体制，这并不难理解。但结果就是各种争论演变成了制度之争，又进一步演变成为意识形态之争。"自由民主"一直被视为西方的"立国之本"，更是近代以来西方民众流血争取来的，其价值观为西方民众所认同，并成为西方民众的一种普遍生活方式。如果批评和攻击西方总体的自由民主政治制度，就会催生一种"寒蝉效应"，即所有的西方民主国家都可能把中国的批评视为对自己的一种政治威胁，这种威胁甚于中国的经济威胁。应当强调的是，尽管欧洲等美国盟友对特朗普治下的美国民主制度的运作持有负面看法，但它们在捍卫所谓的西方自由民主方面具有高度的一致性。

欧洲在中国的经济利益是显而易见的。在德国的主导下，欧洲已经结束了和中国的投资谈判。但这并不表明欧洲政治人物对中国政治制度的理解，相反，欧洲对中国经济的依赖更加深着他们对中国政治制度的怀疑。2021年1月西方七国集团（G7）成员国约70名议员在一封信中联合呼吁各国领导人及政府首脑对中国采取共同行动。这是G7议员首次联名致信各国政府做出呼吁。信中罗列了G7国家应该对中国主动出击的五大领域，分别为国际组织改革、科技标准、人权、印太地区紧张局势以及新冠肺炎疫情危机中的合作。参与联署的德方代表包括联盟党（基民盟和基社盟）、社民党、自民党和绿党的德国联邦议会及欧洲议会成员。

德国《法兰克福汇报》报道，这项倡议的主要发起人、德国联邦议院外交委员会主席诺贝特·吕特根表示：我们不想敌对，而是主张对中国采取现实的态度。吕特根是基民盟重量级政治人物，他近年多次强调欧洲在面对中国时必须坚定立场。2020年3月，他在《法兰克福汇报》上撰文称："中国不仅是伙伴，它首先是竞争者和制度性对手。中国以其经济实力、技术雄心和不断增长的地缘政治野心迫使欧洲走向防御。为了保护主权和国际竞争力，欧洲必须找到一个答案。欧盟早就应该有一个中国战略，但迄今却常常因不愿把共同利益放在首位而失败。"2020年5月，吕特根在联邦议院就香港局势发言时也曾表示：中国将是德国、欧洲及全世界未来数年在外交上最大的挑战。他强调："我们想要合作，但不要屈服。我们必须为自己的利益挺身而出。不是要对抗，但也不卑躬屈膝！"但《法兰克福汇报》也引述了此次G7议员致各国政府的信函：我们也希望在互惠、透明和负责任的基础上，继续与中国维持建设性关系。

参与联署的美国共和党众议员安东尼·冈萨雷斯表示，中国共产党构成的威胁是我们这个时代最大的外交挑战，受威胁的包括美国及其在全球的民主盟国。冈萨雷斯呼吁G7所有民主国家团结合作对抗中国。

不仅是美国，整个西方的政客对中国政治制度的妖魔化会一直持续下去。但如果这种趋势得不到扭转，那么可以预测，西方世界会在围堵中国的政治体制方面团结一致，使局势演变成美苏冷战那样的局面。正如德国《法兰克福汇报》所言，"越来越多的欧洲人视中国为体制竞争对手。但竞争对手的标志是，它既是伙伴，又是竞争者和对手。这种混合需要一个明智的、和美国协商好的政策来应对。这也就是为什么德国外长马斯希望在对华政策上实现跨大西洋联盟。这也就是说，我们一方面必须避免单独行动，另一方面也必须避免分裂式的投资协议"。

也就是说，如果我们无法改变西方民众对中国政治制度的偏见，或者我们无法塑造我们本身的政治制度话语，那么我们无论在经贸上做什么都无法改变和西方之间的僵局。对西方企业界来说，和中国的经贸往来需要一个良好的"非商业环境"，而西方社会对中国的普遍认知就是这个"非商业环境"的核心。

怎么办？美西方一些强硬的反华反共力量会继续妖魔化中国

的政治体制，这一点我们怎么做都改变不了。但我们可以改变一些东西。第一，我们可以改变对自己成功故事的叙述方式，也就是要以西方主流社会能理解的语言来叙述我们的故事。第二，我们可以改变我们讲故事的对象或者听众。尽管我们会继续回击那些恶意妖魔化中国的反华反共人士，但我们要把注意力转向西方主流社会。西方主流社会迫切需要理解中国，他们的理解至为关键。主流社会理解了，那些反华反共人士的市场就小了。

如何让西方读懂、接受和认同中国？

我们必须找到正确的方法来塑造中国的"另一种制度选择"话语，这种话语是否能够成为软实力取决于三个条件。第一，这一话语必须让西方主流社会理解，也就是"读懂"。第二，这一话语必须让西方主流社会自觉接受。第三，西方主流社会不仅接受这一话语，还进一步认同和自觉地进行传播。很显然，第一步就是要用西方主流社会易懂的语言讲中国故事。因为如果不能让人读懂，其他一切都谈不上，只有让人懂了之后，人家才会接受，才会予以认同。

那么，如何让人读懂、接受和认同？对西方普通老百姓讲中国故事要注意三点。

第一，"求同存异"。从人性上来说，人们容易理解熟悉和类似的事物，而不容易理解陌生和迥异的事物。"求同存异"意味着通过诉诸"同"的方面来让对方理解，但"同"并不否认"异"，如果"同"的东西多于"异"，那么理解起来就比较容易，反之，就比较困难。"求同存异"也符合事物的客观属性，因为任何一种事物都是由普遍性和特殊性两面组成，"普遍性"意味着"同"，而"特殊性"则意味着"异"。

第二，人们容易倾向于已经认同的事物，而会排斥自己不认同的事物。所以，很容易理解，如果中国批评和攻击西方民众业已认同的事物或者价值观，那么他们不仅不会理解和接受，反而会反感和抵抗。反之，如果西方民众感觉到中国所说的事物或者价值观是自己所认同的，那么就很容易理解和接受。从这个角度来看，我们平常所说的"各美其美、美人之美、美美与共"就具有普遍的适用性。

第三，理解和认知都是理性的产物。这要求我们讲中国故事时需要三个"回归"，即回归基本事实、回归科学和回归理性。我们需要尽量避免把中国成功故事过于意识形态化和政治化，而是要基于中国成功故事的经验面来讲。

改革开放以来，中国从一个一穷二白的国家发展成为世界上第二大经济体和最大的贸易国，人均GDP也从20世纪80年代初的不到300美元提升到超过12 000美元，迄今中等收入群体已经超过4亿人。在过去的40年里，中国促成了8亿多人口脱贫，中共十八大以来，超过1亿人口脱贫。无论从哪个角度来看，这些都是世界经济史上的奇迹。这些经验事实也是西方主流社会普遍认可的。但是，为什么如此坚实的经验基础没能转化成为话语和软实力？

如果要塑造一种广为接受的中国的"另一种制度选择"话语，那么我们必须深刻思考和回答这一问题。很显然，这些也是支撑"另一种制度选择"的经验故事。

在过去很长一段时间里,我们的一些媒体,尤其是社交媒体,和美西方陷入了互相攻击的恶性循环。但很显然,各种民调显示,互相攻击的宣传方式并没有导致任何一方软实力的上升,反而导致了双方软实力的普遍下降。互相攻击似乎巩固了中国民众和西方民众对各自制度的信任,但大大恶化了对对方制度有些层面的认同。

对各方的政治制度的认同,中国和西方现在处于一种微妙状态。就中国来说,一方面是因为西方民主所面临的危机,另一方面是因为我们的文化文明自信教育,这些年来中国民众对自己政治制度的认同度有了很大的强化。但这种强化也导致了很多人对西方政治制度的不切实际的看法,认为西方的自由民主在快速解体。就西方来说,无论是精英还是民众,都对西方自由民主所出现的乱象感到深刻的忧虑,自信心大不如前。但西方这种对自由民主的不自信不仅没有在任何意义上导向对中国政治制度的认同,反而导向了对中国政治体制的更大敌视。

西方反华反共政治人物和学者对中国的妖魔化往往是从西方的意识形态或者政治需要出发的。因为西方的意识形态和政治化的东西(例如"华盛顿共识")都是和中国的实践经验格格不入的,解释不了中国的实践,因此他们往往竭力回避中国的实践,而诉诸所谓的价值观之类的东西。在这种情况下,我们是否也要学西方,用我们的意识形态来回应呢?从经验来看,这种做法适得其反。因此,西方政治人物和学者越是意识形态化和政治化,我们越要坚守基本事实。只有在回归基本事实之后，人们才能做到科学，达至理性。

欠缺基于经验事实之上的理性辩论成为我们塑造"另一种制度选择"话语的最大障碍。如果陷入高度情绪化的指责，则失去了很多机会来和西方辩论，这里仅举几例。

第一，对美国的"言论自由"面临的困境没有进行认真的学理分析。

2020年的美国总统选举过程中，美国主要社群媒体如推特和脸书禁止总统特朗普使用，此举引起了民主、共和两党阵营更大的对立和不满。推特上特朗普的支持者发起改头像运动，呼吁使用者将自己的头像换为特朗普原来账号的头像以表达不满。但也有反对者表示，一些特朗普支持者利用社群媒体散播选票被偷窃的不实信息，甚至鼓吹暴力，构成了明显而即时的危险，有禁言必要。

时任美国国务卿蓬佩奥在推特上表示，禁止言论是危险的，不是美国风格，可悲的是，这并不是左派的新招数，他们多年来一直企图让反对派噤声。美国前常驻联合国代表妮基·黑利也特别以"难以置信"的推文表示"让人民噤声，让美国的总统（噤声），是发生在中国的事，不是在我们国家"。更多的政治人物则表示，到了反对美国大型科技公司特别是社交媒体的审查制度的时候了。

美国针对宪法第一修正案明列的言论自由和可能因散播不实信息煽动暴乱的辩论，因双方阵营各持己见而加剧。欧洲政治人物，包括当时的德国总理默克尔也做了理性的表述。但中国社交媒体除了大量的嘲讽和讥笑之外，缺乏对言论自由边界的理性分析。

第二，没有沿着西方主流社会易懂的逻辑来论证中国实践的合理性。

很多西方名人观察到了中国奇迹，说了中国很多好话，对此我们表示欢迎。但我们光赞同这些西方名人的言论是不够的，我们需要顺着其逻辑来呈现更为完整的叙述。西方观察家语言的背后是西方人的逻辑思维方式。如果我们沿着他们的语言做"中国为什么如此"的论述，那么效果会好得多。尤其值得注意的是，这些西方观察家往往是用比较（西方国家与中国）的方式来阐述的，这更能让人直接或者间接地理解中国和西方制度的优劣。

这里举两个例子。第一个例子是埃隆·马斯克。马斯克于2021年1月4日接受《商业内幕》（*Business Insider*）杂志采访时称，他在访华期间与中国官员交谈时曾有过十分正面的经历，"他们可能比美国官员对人民更有责任感，比如他们总关心本国人民是否会为某件事感到高兴或者这件事能否为人民造福"。他指出，"这似乎具有讽刺意味，尽管中国采取一党执政，但他们似乎真的十分关心本国人民福祉"，"事实上，他们可能对公众看法更加敏感，比我在美国所看到的更甚"。

英国《每日邮报》报道称，这不是马斯克第一次公开赞扬中国。他于2020年7月曾表示，他对中国的看法大为改观，"中国的活力非常充沛，那里有许多聪明且勤奋的人民"。他还指出，美国人是享受特权且自满的，尤其是在洛杉矶、加州其他地方和纽约。他认为，美国凭借科技赢得太久了，"当你赢得太久，你就会将之视为理所当然"。

更早前，马斯克在2020年4月曾说，美国的基础设施真的很糟，尤其是普通道路和高速公路，机场也是，很多情况下令人难堪，但"我去中国访问时，我看到他们的基础设施比我们好得多，这太棒了。欧洲的也更好"。他还曾在2018年评论一段"中国工人9小时建成火车站"的视频时称："中国在先进基础设施上的发展要比美国快100多倍。"

在西方的传统观念中，只有在多党制下，民意才可以得到有效的表达，政府才会真正对人民负责。但西方社会的现实在动摇这种信念。实际上，很多年前，西方一些观察家就注意到，较西方多党制，中国一党执政下的政府更关切老百姓的诉求，更对老百姓负责。为什么？这是一篇大文章。但这么多年来，我们一直没有把背后的逻辑讲清楚。

第二个例子是德国汽车生产商大众集团总裁赫伯特·迪斯在达沃斯经济论坛的一次视频会议上对中国经济政策的赞扬。据德国《世界报》报道，迪斯在论坛上表示："我认为中国走在正确的道路上。去年我们的两家在华合资企业都由大众公司占据了多数股权。这在过去30年里是完全不可能的事情。"迪斯还表示，中国公司在欧洲投资时遇到的困难要比欧洲公司在华投资时遇到的更多。一同参加这次网络讨论的还包括欧洲央行总裁拉加德、德国经济和能源部部长阿尔特迈尔以及法国经济和财政部部长勒梅尔等。

迪斯也没有回避所谓的"中国人权"问题。当主持人问及新疆和香港问题时,迪斯表示:"我们确实看到,尽管中国在民主问题上没有进步,但是同中国进行贸易,同中国进行沟通交流,总比撤离中国好得多。"

中国是德国大众、戴姆勒和宝马三个汽车集团的最重要销售市场,中国市场销售额占其汽车销售总额的1/3以上。受疫情影响,全球汽车销售量普遍下滑,唯中国一枝独秀,销量继续攀升。迪斯希望美国总统特朗普挑起的中美贸易战导致的"隔离和两极化的时期"尽早结束,并希望"通过自由贸易回到更开放的世界",回到全球化和多边主义的道路上。他拒绝返回到依靠本地生产链的模式,表示,"未来,我们将继续依靠全球供应链和全球分工","开放市场对每个人都有很大好处"。

阿尔特迈尔支持迪斯的观点,同时也拒绝了对与中国合作进行批评。欧盟与中国在2020年年底完成了已经持续多年的投资协议谈判,当时主要负责此事的是担任欧盟理事会轮值主席的德国。这一协议被认为会给欧盟与美国新总统拜登的关系带来负担,但阿尔特迈尔在会上说,"与中国的协议不是错误的","它在很大程度上符合美国已经与中国达成的协议"。阿尔特迈尔还表示,协议是为了创造公平的竞争条件。他说:"我非常乐观,我们可以在世界范围内谈判并签署类似协议。我认为美国也将遵循这条道路。"

迪斯的话里面有偏见,也有真理。说中国在"民主问题上没有进步",是因为迪斯是从西方的角度看中国民主的。但他的话里面透露出西方主流社会所关切的东西,即全球化、多边主义和中国的内部变化。美西方早期认为,中国的改革开放、全球化和多边主义会促成中国政治制度的变化,最终演变成类似西方的制度体系。但现在他们看到中国不仅没有演变成西方那样的制度体系,反而越来越中国化了,他们就对中国失去了耐心而转向强硬的反华路线。进而,因为中国政治制度的核心是中国共产党,他们又转向了反共。对这个重要问题,我们自己也很少说清楚过。尽管我们自觉抵制西化,但这并不是说我们的政治体制没有发生变化。全球化和多边主义是我们会一直提倡和主张的,但如果不花大力气讲清楚全球化、多边主义和内部变化之间的关系,我们很难在国际社会上确立这方面的话语权。我们应当讲清楚,什么样的变化发生了,也会继续发生,什么样的变化没有发生,也不会发生。实事求是地讲,合乎逻辑地讲,西方会理解,也会接受。

无论是马斯克还是迪斯,都是基于他们在中国获得的利益说话的,但从某种意义上说,基于利益之上的语言才是真实的,不会骗人。但这远远不够,他们只是描述了一个中国现象,并没有(时间或者能力)把这些现象背后的逻辑讲清楚,这需要我们接着讲。近代自亚当·斯密以来,西方的"自由贸易"实践产生了无数的贸易、投资、经济增长、社会发展、道德、理性等方面的概念和理论。虽然中国在这些方面的成就是巨大的,实践经验异常丰富,但这方面的概念和理论仍然欠缺。我们为什么不可以把马斯克和迪斯那样的西方观察家所观察到的现象讲清讲透而成为"中国故事"呢？如果仅仅停留在口号和意识形态上，不能把中国实践提升为一整套为西方所理解和接受的概念和理论，那么很难在国际社会产生软实力。

第三，没有通过中西方的比较对中国政治制度做哲学思考。

一个相关也更为重要的问题是我们缺少对中国政治制度的哲学思考。《纽约时报》于2021年1月5日发表了一篇题为《回归正常生活太棒了！中国重新定义了什么叫"自由"》的文章。文章借用商界人士于疫情期间在中国和西方的经历，得出了诸多哲学思考，有几段话值得引用：

"这场疫情颠覆了许多认知，包括自由的概念。中国公民没有言论自由、信仰自由或是免于恐惧的自由——这是富兰克林·罗斯福总统提出的四项自由中的三项，但他们可以自由走动，过上正常的日常生活。在一个发生疫情的年份，世界上许多人都会羡慕这种最基本的自由形式。

"这场全球危机可能会让人们对其他形式的自由产生怀疑。近一半美国人把票投给了一位无视科学、未能采取基本预防措施保护国家的总统。一些美国人声称，无视卫生专家佩戴口罩的建议是他们的个人权利，这让他们自己和其他人都面临越来越大的感染风险。原本应该让无声者发声的互联网，变成了让独裁者控制大众、政治团体传播虚假信息的有力工具。

"不可否认的是，中国在控制疫情方面的成功提升了自己的形象，尤其是与美国的失败相比。它宣扬所谓中国模式，即共产党向中国公众承诺，它将带来繁荣和稳定，以换取对政治权力的无情控制。

"目前尚不清楚这种观念的转变在疫情结束后能否持续。但西方可能会发现，在中国让自己的模式变得如此吸引人之后，它必须更加努力地推销自己的自由愿景。"

很显然，这里有对美国政治制度的反思，也有对中国政治制度的攻击。那么，为什么对美国政治制度的反思没有转化成对中国政治制度的肯定？这就是作者的意识形态在作祟。这一点即使是崇尚西方自由民主的美国学者弗朗西斯·福山也看到了。福山认为，三个关键要素决定了抗疫、防疫的成败，即国家的制度能力、社会对政府的信任程度和领导素质。

福山在接受法国《费加罗报》记者洛尔·芒德维尔采访时表示：这次新冠肺炎疫情的主要教训是，一些国家比另外一些更有效地抵抗了新冠病毒，我们已经看到一个国家与另一个国家之间的巨大差异。他指出，有人认为，造成差异的分界线是民主体制与威权政体，后者被认为管理得更好，主要的论据是这次对抗疫情的过程凸显了中美之间的差异和极大的反差。不过，福山也认为，如果仔细观察，有效性与是不是专制体制并没有绝对的联系，因为某些西方民主制国家的表现相当不错，例如韩国、日本。欧洲国家之间在抗疫方面也有分歧，表明该问题与民主问题无关。福山认为，更重要的因素是国家应对健康紧急状况的能力，东亚社会的技术官僚公务员体系具有悠久而强大的传统，能够在没有过多政治干预的情况下工作，在这次疫情中发挥了重要作用。

福山指出，另一个因素与社会信任有关。在美国或巴西这样社会两极分化的国家，人们对抗疫措施的回应并不理想。如果人们彼此不信任，不信任政府，他们将不会采取当局建议的行动。美国尤其糟糕，因为在过去四年中两极分化极为严重。是否戴口罩都一度成为美国的政治问题，而在大多数其他国家根本不会有这种情况，人们只是认为这是必须接受的限制。

福山也认为，领导人的能力也非常重要。如果拥有像巴西的博索纳罗或美国的特朗普这样的民粹主义总统，他们不想采取不受民众欢迎的行动，结果将是非常糟糕的。

福山所提的这三点也完全可以解释中国之所以能取得抗疫成功，是因为领导层面的领导力、政府的有效运作和社会的配合。为什么中国和西方之间就抗疫展开了那么持久的制度之争呢？很简单，因为任何一方一旦偏离了基本事实，就容易倾向于高度的意识形态化和政治化。西方这样做还可理解，因为西方抗疫成绩平平甚至是失败的，但中国这样做就没有必要，我们没有必要诉诸意识形态，诉诸经验事实即可，因为中国的抗疫是成功的。我们一些人简单地把抗疫成功归于制度，而把制度又归于政治体制，这样做大大简化了中国成功故事背后的复杂因素，讲出来的故事也不为西方所理解、所信服。

但福山的理论把中国归于"专制"，把亚洲其他国家归于"民主"，这也是意识形态在作祟。问题在于，我们并没有通过理性叙述把问题讲清楚。这里有两点非常重要，它们决定了西方的平庸甚至失败和东亚社会的成功。第一，亚洲国家（包括中国）的科学方法。第二，亚洲国家社会层面的集体主义取向。

就科学而言，除中国之外，疫情期间，利用数字技术跟踪病毒接触者的国家和地区并不少见。亚洲的韩国、新加坡和中国台湾，以及美国、英国和欧盟的一些国家也采取了数字跟踪的手段。根据《麻省理工科技评论》2020年7月底的一份报告，全球当时已经有差不多50个国家采用了不同形式的数字追踪。

随着疫情的发展，英、美、德、法等欧美国家陆续推出疫情追踪软件，不过，与中国和一些东亚国家不同，这些软件都不是强制性的，公民可以自愿安装使用，这样就导致了不同的结局。

2020年6月，德国政府推出一款旨在让民众分享检测结果、提供追踪的手机软件"新冠警报"（Corona-Warn），结果推行3个月后发现"没什么人用"。截至9月中旬，该程序在德国下载量超过1 800万次，但仅有75万人分享了他们的检测结果，占总人口的9%。德国的隐私保护法在全球最为严苛。德国卫生部部长延斯·施潘曾建议考虑借鉴韩国的方式，授权官员用手机数据来调查病毒传播链，但是相关的法案遭到批评，最终被搁置。

同样，法国推出的第一个防疫追踪软件"阻止病毒"（StopCovid）的命运也类似。法国政府的报告说，跟踪应用上线的20天内，下载量仅为190万次，低于全国人口的3%，一共只有14人收到过新冠警报。

英国的情况好一些。英国于2020年9月24日推出追踪软件，到10月2日，英国卫生部才宣布软件下载量终于突破1 400万次，英国的人口是 6 700 多万。

在亚洲社会,中国大陆、韩国、新加坡和中国台湾都在用数字技术追踪可能的病毒接触者,很多措施也是强制性的。不过,与中国的"健康码"不同,后三者的技术主要用来进行接触追踪,并不限制一般民众的出行。

东亚社会明明具有相同的抗疫模式,但西方政治人物和学者偏偏要把中国和亚洲其他社会区分开来,形成对立,即"专制"与"民主"。美国智库布鲁金斯学会 2020 年 8 月的一份报告在对全球的数字监控模式做了比较后认为,中国大陆病毒追踪的手段"最极端,是在对所有公民进行监控的基础上进行的",而在谈到韩国、新加坡和中国台湾地区的疫情监控时,该报告就轻描淡写地说,"这些政府也尽可能照顾民主价值"。

西方在把中国大陆和亚洲其他社会加以对立的基础上批评和攻击中国的政治制度,但我们却无力回击。这是我们对中国政治制度缺乏哲学思考的难堪结果。

有两点是显见的。第一,亚洲社会为什么不仅不反对戴口罩,而且戴口罩反而成为官员和民众自觉的行为?这是"亚洲价值观"所致,即亚洲传统的集体主义传统,民众能够考虑到公共利益。第二,美国社会从官员到老百姓为什么不仅不戴口罩,反而抵制和反对戴口罩?这是因为美国社会过度崇尚个人自由或者个人主义,过度关切个人利益,从而失去了公共利益意识。

亚洲价值观所包含的集体主义促成了亚洲社会和政府之间的互相信任与合作。这种信任与合作促成亚洲政府可以采取科学的方法来应对疫情和控制疫情。相反,美国社会的极端个人主义者,毫无底线地追求个人自由,例如不戴口罩的自由,导致了社会和政府之间的互不信任,这深刻地影响着政府和社会采用科学的方法来抗疫和防疫。

如果看到了这两点,所谓亚洲社会之间的"专制"与"民主"的区别就并不存在,这种区别是美西方一些人用意识形态制造出来的。进而看到,美西方和亚洲社会在抗疫行为上的不同具有更深层次的哲学和文明差异。

如何实现中国与西方的有效对话？

我们提出建设中国话语权已经有很长时间了，也已经取得了一些成绩，但要改变中国在国际社会上缺失软实力和话语权，乃至"挨骂"的状态，我们还有很长的路要走。要加快这个进程，我们需要从以往的实践中吸取教训。这些年，中国提倡"人类命运共同体"这一宏大设想，理性的前提在于全球化所形成的"地球村"。但"人类命运共同体"的构建需要国家间的共识，共识需要在对话和争论中产生。因此，文明间需要对话。今天，任何一个文明，不管其如何强大和先进，都很难简单地把自己的观念强加给另一个文明。但通过对话，不同文明可以互学互鉴，共同进步。

要实现中国和西方的有效对话，我们就必须注意自己的方法论问题，也就是前文提到的"求同存异"。在方法论上，我们至少需要考量如下几个问题。

对普世价值的认同及认同什么样的普世价值

在这个问题上,我们主张:第一,我们承认普世价值是存在的,但我们反对"西方的是普世的"。任何文明国家都具有普世价值,中国的数千年传统为世界提供了诸多的普世价值。"西方的是普世的"只是西方国家想把自己的价值体系强加给其他国家和文明所采取的说辞罢了。

第二,我们承认普世价值的存在,但我们认为不同的国家实现这些价值观具有阶段性。任何价值都并非抽象的,它们的实现是具有社会经济条件的。西方今天所拥有的不同价值也是在漫长的历史中分阶段实现的。西方和包括中国在内的广大的发展中国家处于社会经济发展的不同阶段,这决定了普世价值在这些国家不会同时实现。

第三,我们承认普世价值的存在,但强调不同国家实现普世价值的途径不同。各国有不同的社会经济发展水平,文明和文化,民族和种族,各国都需要根据自己的文明、文化和国情找到有效实现普世价值的途径。近代以来,西方在非西方国家强行推行西式自由民主的失败表明,一个国家不能简单照抄照搬另一个国家的模式,而是要找到适合自己的实现普世价值的途径。

第四,我们承认普世价值的存在,但我们也强调不同文明价值方面的差异性。这尤其表现在亚洲文明的集体主义和西方文明的个人主义差异上。这也就是中国所强调的"和谐",即"和而不同"。和谐也是普世价值,这和西方一贯倡导的多元主义具有一致性。

中国的另一种制度选择的可借鉴性

在这个问题上，我们主张：第一，中国经过近代以来的革命和建设实践，确立了适合自己文明、文化和国情的政治制度，但在这个过程中，中国也吸收了世界各国先进的制度要素，因此，中国的制度经验和其他国家是相关的。

第二，中国的成功在于没有全盘照抄照搬其他任何一个国家的制度，中国也成功抵制了一些西方国家向中国输出政治制度的努力，中国实现了自主的制度学习和制度建设。

第三，正因为如此，中国并不认为其他国家可以简单复制中国的政治制度，中国也不会像一些西方国家那样搞制度输出，把自己的政治制度强加给他国。

第四，中国的另一种制度选择并不是想取代西方的体制，而是为其他国家多提供一个参考体系。二战之后，大多数发展中国家接受了西方的制度体系，但没有能够得到发展，很多国家表现为制度失灵。现在西方制度本身也出现了问题，连西方也在反思自己的制度。在这个时候，中国的另一种制度选择会为"人类命运共同体"建设激发制度创新的资源和精神。

政治制度的开放性

在这个问题上，我们主张：第一，任何政治体制都不会是"历史的终结"，任何政治体制都不会是永恒的，都要与时俱进，根据时代的变化而变化。任何政治制度都必须是开放的，一旦封闭，就不可避免会最终衰落。

第二，无论是西方的政治制度还是中国的政治制度，都需要承接文明传统，同时都需要面向未来。只有文明的，才是可以持续的。中国和西方都可以学习和借鉴对方的政治制度，但中国的政治制度不会变成西方类型，西方的政治制度也不会变成中国类型。无论是"中国制度威胁论"还是"西方制度威胁论"，都是经不起检验的假命题。

第三，尽管全球化造成了"地球村"，为构建"人类命运共同体"提供了经济基础，但全球化并不意味着全球整体的趋同化，更不用一致化。相反，各国都必须根据自己的文明、文化和国情来调整和巩固自身的政体，这会导向差异化。也就是说，政治体制的发展是多元化的，但多元化的政体并不妨碍它们以各自的方式追求普世价值。

概括地说，改革开放以来，中国的发展和建设成就有目共睹。但要把中国成功的故事转化成为软实力，就要改变迄今为止的叙事方法。第一要使用人们普遍听得懂的"语言"；第二要回归基本事实，回归科学和理性，通过比较（和西方比较，和其他发展中国家比较，和中国过去的历史比较），以合乎逻辑和讲道理的方式来叙述中国故事；第三要叙述成功故事背后的制度要素，避免演变成意识形态之争。

更具体地说，中国的另一种制度选择的故事就是要讲好三个"可持续"，即经济可持续发展，社会可持续稳定，政治有可持续的制度支撑和领导。改革开放以来,我们同时实现了三个"可持续"。从制度入手来叙述这三个"可持续",基本上就可以把中国的另一种制度选择讲好、讲清楚,从而把中国的经验转化成基于概念和理论的"软实力"。

第二章

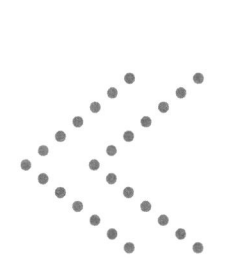

「世界问题，中国方案」与「中国问题，世界方案」

"中国共产党叙事"的"常识"是什么?

2021年,中国共产党迎来了第一个一百周年。近年来,围绕着第一个百年,有关中国共产党的地方历史被大量挖掘出来,形成了大量的地方故事,丰富了中国共产党的历史,也大大增加了故事的生动性。

正如所有的政治都是地方政治,所有的历史也是地方历史,所有(社会)知识的起源也必然具有地方性。自然,这里的"地方性"不仅仅是人们所说的中国共产党在其成长和发展过程中的"地方"概念,例如嘉兴南湖、井冈山、古田、延安、西柏坡等,也包括"中国性",例如中国共产党所进行的"工农武装割据""农村包围城市""土改"等革命斗争。

"地方性"的挖掘无疑有助于人们看到中国共产党的"中国性",即中国共产党所体现的中国文化性和文明性。不过,在挖掘"地方性"的时候如果不能兼顾中国共产党的"世界性"或者普遍性,那么既不符合事实,也不能向世界讲好中国故事。中国共产党所进行的革命是当时世界革命的一部分,它所承载的是一整套全新的具有普世意义的价值体系,这把中国共产党的革命和传统农民革命区分开来。

现在人们开始怀念以埃德加·斯诺为代表的那群西方记者所报道的中国故事。斯诺的《红星照耀中国》之所以为西方人所喜欢、所接受,并帮助传播,是因为斯诺讲的是一群中国共产党人在如何追求人类的普世价值。一个很多国人所不能理解的问题是:改革开放以来的中国取得了辉煌的成就,但当我们认为这体现了中国的制度优越性时,为什么西方对中国所取得的成就产生了恐惧感并对中国的制度进行妖魔化?

这里就涉及"中国叙事"的方法论问题,表现为两个相关的问题,一个是基本事实问题,另一个是对基本事实的认知问题。尽管基本事实是"事实",但这些事实一方面需要被挖掘,另一方面需要被人们普遍地承认,也就是说,不管人们是否喜欢,他们都承认这个"事实"的存在。因而,上述现象的产生,可以认为是人们对基本事实的认知出现了问题。这也正是今天"历史虚无主义"讨论中的核心问题之一。认知领域的问题大而复杂。人类的政治立场、意识形态、价值观、道德观、情感等因素都会不同程度地影响人们对基本事实的认知。不过,在认知问题上,科学研究也发现,对某种事实的认知越诉诸某种"高深"的东西,人们的分歧就越大,而越从"常识"出发,人们越能够对这一事实达成共识。"高深"是针对哲学家的,而"常识"是针对所有人的。近代以来,随着大众进入公共领域(无论是革命还是建设),人们越来越诉诸"常识"来促成"共识"的形成。美国独立战争鼓吹者潘恩干脆就以"常识"为书名来宣传其革命的思想。

那么关乎"中国共产党叙事"的"常识"是什么？这里有很多问题值得探讨。但无论是就事实层面还是认知层面而言，浅显的"常识"至少要做到特殊性和普遍性的统一。具体而言，这种统一性体现为要处理三对关系：一是中国性和世界性的关系，二是现代化和西方化的关系，三是传统性和现代性的关系。只有在实现了特殊性和普遍性统一的基础上，中国叙事才能达到事实和认知的统一，才能在中国看到世界，在世界看到中国。

实际上，在实践层面，中国共产党一直在追求特殊性和普遍性的统一，或者中国性和世界性的统一，这种统一也是其成功实践的关键。这里先引用两个陈述。第一个陈述来自美国学者弗朗茨·舒尔曼在其1968年出版的一本书《共产主义中国的意识形态和组织》(*Ideology and Organization in Communist China*)。在书中，作者写道："20世纪下半叶属于中国革命，正如20世纪上半叶属于俄国革命。中国革命带来了中国社会的转型，催生了一个强大国家，宣布自己为世界落后国家的革命和发展的榜样。"第二个陈述来自2017年中国共产党第十九次全国代表大会。在这次大会上，中国共产党宣布中国特色社会主义道路、理论、制度、文化不断发展，拓展了发展中国家走向现代化的途径，给世界上那些既希望加快发展又希望保持自身独立性的国家和民族提供了全新选择。

引用这两个陈述想说明的是，西方人看到了中国共产党的

"世界性",中国共产党也是把自己的实践置于"世界性"之中的,否则很难理解为什么中国近年来提出"人类命运共同体"的概念,也很难理解为什么西方世界的一些人对中国共产党及中国实践的攻击和妖魔化。

从历史来看,在事实层面,离开了"世界性",就无法理解近代以来的中国,更不能理解中国共产党,不仅自己不能理解,也不能帮助世界理解。同样,离开了"世界性",就无法理解近代以来的中国实践,尤其是中国共产党实践的世界意义。

"中国问题世界化"的探索

中国共产党是近代以来世界革命的产物。自18世纪以来，世界经历了几个系列的革命。第一个系列革命是从英国开始的工业革命。工业革命开启了世界经济转型的过程，这个过程以极度不平衡的方式伸展到世界的各个角落。工业革命之前，尽管世界各国经济状况起起伏伏，但可以说都处于低水平发展状态。工业革命打破了这个"低水平发展状态"，促成了快速的经济发展。英国之后，工业革命本身很快就成了普世价值观，哪一个国家不想通过工业革命求得国家的发展呢？这不仅因为如中国所说的"落后就要挨打"，还因为追求由经济发展而获得人民的体面物质生活合乎人类的本性。不过，由工业革命引发的经济发展不仅在各国之间不均衡，而且在一国内部尤其是大国内部也不平衡。这种不平衡发展对所有的传统国家形式构成了严峻的挑战：在外部，面临先发达国家的威胁，很多国家沦为西方的殖民地；在内部，国家和社会不是变得更加整合，而是往往相反，即不平衡发展导致国家的分裂。

第二个系列革命是从法国开始的政治革命,延伸到北美和其他很多地区。法国大革命种下了政治革命的种子,催生了近代民族国家。法国大革命受经济发展的影响,但其本身不是经济革命,而是政治革命。尽管法国民族国家的形成远早于法国大革命,但以"自由、平等、博爱"为口号和目标的法国大革命造就了民众的国家认同,这种认同构成了近代民族国家的心理基础。所有19世纪和20世纪的革命无不以法国大革命为榜样,即所有的革命都想在法国大革命提出的原则基础上建立统一国家。

始于欧洲的这两个系列革命日后塑造了整个世界。这两个系列革命的成果俨然成了所有新兴国家的革命目标,即经济发展和国家统一(或者政治整合)。不管如何,所有新兴国家都期望同时实现这两个目标,即建立一个基于工业和技术之上的能够创造财富和力量的国民经济体系,以及实现基于一个有效政治制度体系的国家统一。尽管这两场革命起源于不同国家,具有不同的历史背景,但两场革命的价值很快传播到世界各个角落,成为普世价值,没有一个国家,尤其是发展中国家,不想同时实现这两个目标。

不过,越来越多的国家发现很难同时实现这两个目标。政治革命和经济革命很难同时发生。英国的经济革命促成了其政治的和平演进。法国是政治革命先于经济革命,但这是有代价的,就是说,国家的统一牺牲了经济发展。从这个意义上来说,法国大革命更是一场社会革命。法国作家托克维尔在讨论导致法国革命的条件时强调,所有社会革命的本质都是毁灭整个统治阶层的行动。也就是说，较之英国，法国的政治史充满了暴力。

即使在英国，经济的发展也需要时日。大英帝国和世界市场是长期历史发展的产物，最终导向了一个充满创新能力、能够创造财富的经济体系的诞生。近代以来，世界经济体系的形成向新兴国家展示，可以通过加入世界经济体系来催生经济发展的动力。但如果仅把国家的重点置于通过和世界经济的融合来获得经济发展，那么，这样做的结果往往是损害了第二个目标，即国家的统一。后发展国家或者新兴国家，采用这种发展模式往往导致国家的失衡，经济发展往往集中在沿海港口地区，这些地区通过和发达国家的贸易而得到发展。那些被西方殖民的国家，这种情况更为严峻。不平衡的发展往往造成国家整合的困难，甚至导向分裂。

尽管近代以来所有的革命都是政治和经济革命，但并非所有国家都经历了社会革命。德国和日本便没有，这两个国家的革命实现了经济发展和国家统一，但没有经过社会革命。在这两个国家，精英主导的革命避免了社会革命的发生，即旧的统治阶层通过自我革命而避免了被推翻和毁灭的命运。很多后发展国家不仅没有能力进行政治革命和经济革命，更没有能力进行社会革命。

在这个条件下，第三个系列的革命发生了，即俄国革命。1917年，俄国发生了自己的社会革命。俄国革命的意义在于为后发展国家甚至落后国家如何进行政治和经济革命提供了示范。正如列宁主义所显示的，俄国革命模式在于通过政治革命先和西方发达国家"断裂"开来,或者说,先和帝国主义经济体系"脱钩",再进行一场经济革命,赶超西方国家。同时,俄国革命也是一场社会革命,因为整个旧政权和统治方式被推翻和取代。

中国近代革命早于俄国革命,但直到俄国革命模式成功,中国才找到了作为后发展国家的革命模式。从18世纪末开始,从一系列传统式的"造反",直至新民主主义革命,中国经历了一个复杂的革命模式演变过程。传统的"造反"即我们所谓的农民革命。但自从西方影响在中国扩展之后,中国革命就和西方很难割裂开来了。最为著名的是1851—1864年的太平天国运动,它是中国第一次至少在表象上深受西方影响的近代革命,在一定程度上受到了西方基督教的影响。尽管太平天国运动被镇压,但由此开始的革命并未终止。

所有的社会革命都是针对精英阶层。如同英国工业革命和法国政治革命所显示的,革命的目标在于经济发展和国家统一。无论是经济的工业化还是国家的现代化,都需要政治领导力量。一个社会的精英阶层必须有能力扮演这个角色。如果这个精英阶层有能力这样做,那么就可以避免社会革命,如德国和日本。但一旦精英阶层失去这样的能力,那么社会革命就会成为必然。中国属于后者。当晚清统治者失去了领导国家现代化和经济发展的能力时,中国走上了革命的道路,这是一个异常痛苦的过程。在两次鸦片战争失败之后,清朝统治者仍然没有意识到问题的严重性,还在"中国性"上找问题,而没有从"世界性"上寻找失败的根源。直到被昔日的"学生"日本打败之后,他们才开始意识到要从"世界性"上找到解决中国问题的方法。被日本打败这个事实是当时所有的精英难以接受的,中国精英阶层所感受到的羞辱可谓到了极点。从此之后,"再站起来"就成为精英们的目标。晚清精英想通过学习日本式的改革来挽救清王朝。可惜,为时已晚。革命并且是社会革命已经变得不可避免。

孙中山先生不仅从"世界性"的角度来诊断中国问题,而且也想从"世界性"中寻找解决中国问题的方案。他的第一步即用民族主义推翻了清王朝,应当说还是比较成功的。但是他革命的方式过分地倚重"世界性",则是不成功的。无论是西方式的议会民主还是总统民主,他都尝试了,不仅没有解决中国问题,反而恶化了问题,致使中国最终陷入军阀割据的局面。

孙中山之后,国民党和共产党都是朝着英国工业革命和法国政治革命的方向发展,即经济发展和国家统一,但国民党无能进行一场社会革命,其政权所依赖的仍然是地方精英,而地方精英便是传统的主要承载体。在这方面,共产党更了解中国问题的"中国性",也更擅长以"世界性"来解决中国问题。

中国共产党从诞生开始就具有"世界性"。从思想上来说,前面几代领导人都深受五四运动的影响;从组织上来说,他们受国际共产主义运动的影响。但是,较之国民党,他们又具有更多的"中国性"。他们接受了社会主义思想,因为社会主义思想和中国传统的"大同社会"理想具有高度的一致性。这两方面因素的结合导向了共产党对时代的判断,即一个平民主义时代的来临。从社会革命的角度来看,国民党和共产党之间的斗争便是精英主义与平民主义之间的斗争。精英主义是反社会革命的,而社会革命则是平民主义的目标。当奉行精英主义的国民党没有能力同时实现经济发展和国家统一这两个目标的时候,一场社会革命势在必行。当然,不能忽视的是,在精英主义向平民主义过渡的过程中,外敌入侵因素特别是日本的侵略也扮演了一个重要角色。正如已故美国学者查默斯·约翰逊〔著有《农民民族主义与共产主义的力量:革命的中国,1937—1945》(*Peasant Nationalism and Communist Power: The Emergence of Revolutionary China, 1937—1945*)〕所指出的,日本入侵直接催生了近代意义上的中国民族主义。可以说,正是"国家兴亡,匹夫有责"有效催化了精英主义向平民主义的转换。

毛泽东领导的中国革命解决了"中国问题世界化"和"世界方案中国化"之间的关系。毛泽东清楚地看到,近代以来的中国问题和世界(西方)密不可分,因此要从世界大趋势中来解决中国问题。也就是说,他要寻找"中国问题的世界方案"。他以"半殖民地半封建"来界定中国社会,因此中国革命的目标就是反封建和反殖民地。这一点其实和自孙中山开始的国民党的判断没有很大的不同,所不同的地方有两个。第一,国民党本身便是这个"半封建"系统的一部分,没有能力进行自我革命,从这个系统中脱离出来。第二,更为重要的是,毛泽东找到了"世界方案中国化"的方法,而无论是国民党还是当时共产党内的一些领导人,都没有找到"中国化"的方案。共产党接受了马克思列宁主义,但以毛泽东为代表的共产党领导人并不是原教旨主义者,而是实事求是主义者。"工农武装割据""农村包围城市""土改"等都是"马克思主义中国化"的具体实践和理论。也正是这些促使毛泽东领导中国革命走上了社会革命的道路。

1949年中华人民共和国的成立表明中国共产党政治革命的成功。用美国学者舒尔曼的话来说，就是中国共产党动用其强大的组织和意识形态的力量把"一袋散装的土豆"组织成一个新国家。新国家产生之后，中国共产党想"毕其功于一役"，同时推进经济革命和社会革命。再者，要同时实现这两个目标，共产党的领导力是关键。因此，毛泽东提出"继续革命"的口号，意在继续进行政治革命，并且是对自身的政治革命。在今天看来，毛泽东时代的复杂性在于以过度理想主义的方式以及乌托邦式的理念，几乎同时进行了三场革命，即经济革命、社会革命和政治革命。中国革命的"复合性"或者说"综合性"使它在近代以来的世界革命历史上占有重要位置。可以理解，无论是中国革命还是毛泽东思想，一直都是西方学者研究中国的显学。但也正因为其复合性，中国革命很难用任何现存革命理论来加以合理的解释。因此，今天不同的人从不同的角度来评价那个时代，可以得出全然不同的结论。但不管怎么说，如果没有毛泽东时代所进行的这三场革命，我们就很难理解改革开放之后中国所发生的巨变。

改革开放促使毛泽东时代三场革命的正负效益全面释放出来。毛泽东的"中国问题世界化"和"世界方案中国化"的统一方法得到继续应用。以邓小平为核心的第二代领导集体也是用"世界性"来界定和解决中国问题的，但同时又强调世界方法的

"中国化"。最明显的就是邓小平对世界局势的判断,他认为和平与发展是世界的大趋势,并把"贫穷社会主义"的中国问题置于这个大趋势中来解决,提出了"对内改革、对外开放"的政策。这就是邓小平时代的"中国问题,世界方案"。另外,邓小平并没有简单使用世界方法,而是强调"世界方法的中国化"。因此,从邓小平开始,中国通过学习西方和其他所有国家的好经验来发展自己,但并没有照抄照搬,体现出"全面学习、选择性使用"的特点。邓小平一方面强调市场经济是工具,资本主义和社会主义都可以使用,另一方面又不是简单搬用西方市场经济方法,而是强调"中国特色"的市场经济,即社会主义市场经济。

特殊性和普遍性缺一不可

概括而言，正如其在革命时代的成功，中国共产党在建设时代的成功应当归功于其有效处理了三对关系：第一，中国性和世界性的关系；第二，现代化和西方化的关系；第三，传统性和现代性的关系。

第一，中国性和世界性的关系。这关乎"中国问题，世界方案"和"世界问题，中国方案"。中国共产党善于把中国问题置于世界背景之中，从世界经验中寻找解决中国问题的方案，同时，也强调世界方案的中国化。这与俄罗斯形成了鲜明的对照。自苏联革命时期和西方世界断裂开来之后，从苏联到现在的俄罗斯，这个国家始终没有真正和西方世界关联。在有能力的时候，苏联和俄罗斯可以创造属于自己的世界，但很难和自身之外的世界融合。而中国则不然，因为把中国问题置于世界背景下来解决，中国通过实行开放政策，成为世界体系的一部分。中国也和很多发展中国家形成了鲜明的对照。很多发展中国家也对西方开放，但往往照抄照搬西方模式，不管是主动的还是被动的，结果失去了国家的独立性,和西方形成了依赖关系。就中国经验而言,因为中国是在开放状态下通过学习国际经验得到发展,中国模式具有了"世界性";同时因为中国不照抄照搬任何一个国家的经验,总是将其消化融合到中国经验之中,所以又能保持"中国性",也就是独立性。从更长历史观来看,这也是中国开放文明的"一贯性",吸收消化其他文明的长处,把它们变成自己文明的一部分,生生不息。

第二,现代化和西方化的关系。在中国共产党发展的早期,因为受五四运动和国际共产主义运动的影响,很多人把现代化理解成"西方化"或者"苏俄化"(取决于不同的领导人和年代),这种认知直接导致了人为"西方化"的现象和政策,例如去中国传统文化。但是,到今天,无论在理论还是实践上,中国共产党明确意识到现代化并非"西方化";尽管学习西方是中国实现现代化的一个重要途径,但中国追求的现代化是自己本身的现代化,而非西方化。

第三,与此相关的是传统性和现代性。中国共产党一直没有停止过对现代性的追求。同时,在追求国家经济社会现代化的过程中,中国共产党也实现了自身的现代化。但是,追求现代性并非抛弃传统性。就其制度演化来说,中国共产党越来越注重从中国文明中汲取养分。只有文明的,才是可持续的。西方社会直到现在才意识到,中国共产党是不会演变成西方类型的政党的。但中国共产党从传统中构建其"文明性"并不意味着中国共产党是封闭的,恰恰相反,面向未来和开放性是其特征。开放性加上文明性，一方面保证了中国共产党的进步，与时俱进，另一方面保障了其合法性和可持续性。中国共产党承认自己会犯错误，也会在执政能力和执政方式上遇到挑战，但是开放性为它赋能，让它有能力纠正错误、应对挑战。从学术研究的角度来说，通过对其开放性和文明性的研究，人们可以预见这个政党的发展和变化方向。

正确处理了这三对关系可以说是中国共产党成功的经验。那么，既然中国的经验是成功的，为什么中国叙事话语没有达到预期的成功呢？简单地说，我们的叙事话语没有直接反映这些成功的实践，知行不一。人们在聚焦和宏扬中国性与传统性的同时忘记了世界性与现代性，我们在强调"世界问题，中国方案"的时候忘记了我们实践中的"中国问题，世界方案"。或者说，我们过度强调了特殊性，而忘记了普遍性，忘记了我们所具有的特殊性就是从普遍性发展而来的。在实践层面，普遍性和特殊性这两方面总是相辅相成的，缺一不可。

"窑洞对"就是一个很好的案例。"窑洞对"指的是黄炎培与毛泽东在延安窑洞里的一次关于民主中国的谈话。在谈话中，黄炎培先生问及朝代"其兴也勃焉，其亡也忽焉"的周期律时，他提出的是中国问题。当毛泽东说"我们已经找到新路，我们能跳出这周期律。这条新路，就是民主。只有让人民来监督政府，政府才不敢松懈。只有人人起来负责，才不会人亡政息"[1]时，他

---

[1] 《毛泽东著作专题摘编》(下)，中共中央文献研究室编，中央文献出版社，2003年。

强调的是世界方案。但同时,正如日后的实践所展示的,中国共产党也经历了世界方案的中国化过程,而不是照抄照搬西方制度。

邓小平提出的"贫穷社会主义"是中国问题,但其主张的市场经济方法则具有世界性。同时,邓小平所提的"社会主义市场经济"又和西方资本主义市场经济区分开来。在这个基础之上,今天的中国形成了多种所有制共存共荣的混合经济体系。

一句话,如果不去深刻理解近代以来西方经验对中国制度构建的影响,那就很难理解当代中国的制度体系,无论是政治体系还是经济体系。

同样,今天我们提出"共同富裕"问题,这既是中国问题,也是世界问题,具有普遍性。这一中国问题的答案需要在世界经验中寻找,但也要用"中国方式"来实现。

一旦过度强调特殊性,我们的中国叙事话语就会充满民族主义或者民粹主义色彩。明明具有普遍性,却说成只有特殊性;明明是我们在吸取了他国成功经验或者失败教训基础之上的实践,却说成和外国经验的"对立";明明是在实践普世价值,用中国方式实现普世价值,却蔑视和批评普世价值。结果怎样呢?不仅扭曲了我们的实践,解释不了我们的实践,更促成和外在世界的对立甚至对抗。

中国革命是世界革命的一部分,中国的现代化是世界现代化的一部分。我们的巨大成功可以促使我们站在世界之巅。

第三章

如何叙述中国经济制度？

我们该如何把中国的经济制度说清楚？

20世纪80年代，从英国撒切尔革命和美国里根革命开始，西方国家开始盛行新自由主义经济学，此后新自由主义经济学不仅一直占据西方世界的统治地位，而且也扩展到了世界上很多国家，尤其是那些和西方市场关联程度较深的经济体。新自由主义经济学是对二战以来西方政府普遍接受的凯恩斯主义经济政策的反动，主张国家放松对经济活动的管制，经济自由化，自由放任。与此同时，新自由主义也延伸到了政治领域，提倡政治的民主化，因为在新自由主义者看来，只有政治民主化才能保障一个国家的经济自由化。实际上，随着经济的全球化，西方国家一直努力在"非民主"的发展中国家推行"经济自由化"和"政治民主化"。"经济自由化"和"政治民主化"也是名噪一时的"华盛顿共识"的核心。

新自由主义经济政策极速地推动了全球化，很快形成了哈佛大学经济学家达尼·罗德里克所说的"超级全球化"（hyper-globalization）。在超级全球化下，资本、技术和人才在全球范围内获得了前所未有的流动自由。从经济学上说，超级全球化造成了资源在全球范围内的有效配置，因此大大释放和提高了劳动生产力，创造了巨量的财富。所有西方国家尤其是美国，在这波全球化中获得了巨大的利益。

但是，超级全球化也为所有参与其中的国家带来了负面效应。生产要素在全球范围内的配置导致了产业链和供应链的变化，一些产业尤其是低附加值的产业从西方国家流向发展中国家。金融自由化更导致了金融资本的"坐大"，政府无视或者无能监管金融资本，结果导致了2008年全球金融危机。金融危机是世界经济结构失衡的产物。世界经济结构并非抽象之物，它的失衡是各国内部经济结构失衡导致的。但是，结构调整需要一个政治条件，那就是有效政府的存在，而西方诸国尤其是美国已经没有了这个条件。政治经济分离是西方资本主义近代以来最大的创新，美国尤其典型，政府很难用有效的手段来干预经济。在新自由主义经济学的指导下，政府干预经济更被视为不正常。这样一来，全球金融危机之后，西方经济结构改革毫无进展，进而恶化着社会公平，导致收入分配高度不公、社会高度分化，美国社会从二战以后的"中产社会"演变成当今的"富豪社会"，民粹主义乘势崛起，酿成目前的政治危机。

中国也是这波全球化过程的主要参与者和获益者。同时，全球化也对中国构成了挑战，尤其是收入分配问题。但是，中国并没有出现西方那样的情况，即经济发展了，但民粹主义崛起，社会变得不稳定，而是同时实现了经济的可持续发展和社会的可持续稳定。西方自身所面临的问题和中国的可持续崛起的反差导致了西方对中国经济制度的恐惧。反华人物乘机不断妖魔化中国的经济体制,把中国视为"国家资本主义"的典范,宣扬中国经济体制对西方自由主义经济体系所构成的威胁。在具体政策层面,西方国家处处刁难中国。中国"国家资本主义威胁论"是美国发动中美贸易战的理论根据。这一理论也对整个西方的对华政策产生了影响,甚至也影响到包括日本、韩国和东盟在内的经济体。尽管拜登取代了特朗普,但这一理论仍然在主导着拜登政府的对华政策。拜登入主白宫以来,中美贸易领域的矛盾并没有出现缓和迹象。时为美国贸易代表提名人的戴琦在 2021 年 2 月 25 日出席联邦参议院财经委员会提名听证会时表示,总统拜登视关税为有价值的政策工具,是美国修补公平贸易政策工具箱中非常重要的部分。她虽未提新关税措施,但强调中国须履行第一阶段中美贸易协议承诺,美方会探索所有可能选项,推动中国进行必要的结构性改革。戴琦所提的结构性改革,是指中国政府向国企及部分行业提供补贴,美方认定中方此举令美国企业处于不利的竞争位置。在特朗普时代的贸易战中,美方始终未能迫使中方改变这种做法,戴琦暗示要用任何可能的选项,促使中国做结构性改革,预示中美贸易或出现新一轮激烈角力。戴琦也表示,审视"中国在新疆强迫少数民族劳动",将是她上任后的首要优先处理事项,"强制劳工问题已经成为全球贸易中最恶劣的例子"。

这种局面一方面带给我们一个严峻的挑战,另一方面给了我们一个大好的机会。"严峻的挑战"就是我们如何能够把自己的经济制度说清楚，表明我们的"认同"，回答我们"不是什么"（即不是西方所说的"国家资本主义"）而是"什么"（即"社会主义市场经济"），在概念和理论层面界定自身，在此基础上追求我们的软实力。机会指的是西方面临严峻的经济危机，西方经济学处于守势，遭到来自各方面的批评，对中国来说，这是一个论述自己的混合型经济体系的好机会。2008年西方发生金融危机之后，西方学界和政策界没有进行大规模的深刻反思，主要是因为资本控制着西方学界和政策界的理论叙述。危机之后，西方经济结构调整不力，在经济实践上经历了史无前例的困难和挑战，最终导致了民粹主义的大规模崛起，造成了今天的局面。在这种情况下，尽管反华（反共）学者在继续妖魔化中国经济体制，但主流学者和政策研究界对中国的经济体制和实践越来越感兴趣，他们迫切需要理解中国是如何实现两个"可持续"，即经济可持续发展和社会可持续稳定的。

也就是说，对中国经济制度的叙述既是回应国际社会的需要，也是我们自身理论建设的需要。我们必须把自己说清楚，理解中国首先是我们自己的责任，而不是西方学者的责任。近代以来的经验教训告诉我们，西方学者可以帮助我们讲中国故事，但我们绝对不能依靠西方学者来讲清楚中国故事。西方话语权的确立也是西方人努力的结果。从早期的传教士到现代学者，西方的故事是西方人自己讲的。同时，我们在讲中国经济制度故事的时候，需要用国际社会听得懂的语言，这样才能直接回应国际社会对中国经济模式的疑问。

所以，问题变成：如何用一种中国和国际社会都能接受和理解的语言来叙述中国的经济制度？我们认为，至少如下几点可以帮助我们达到这个目标。

第一，回归经验证据，避免意识形态化。西方一些人为什么简单地把中国视为"国家资本主义"？原因很简单，即他们是从西方自由主义经济学这一意识形态出发的，他们往往不是在对中国经济制度的实践进行观察和研究，而是在用西方意识形态对中国的制度实践做价值判断，因此具有高度主观性，缺乏可验证性。中国如何回应？如果我们也用我们的意识形态来回应，那么就会陷入一个互相指责的恶性循环。在西方学者高度意识形态化的时候，我们要反其道而行之，即抛弃意识形态这副有色眼镜，回归经验证据，回归科学，回归理性。只有在回归经验证据的基础上，才能发挥科学和理性的力量，才有说服力。也只有诉诸科学与理性（逻辑），才能把中国经济制度实践的丰富经验概念化和理论化。

第二，以政府和市场关系为中心。确立中国制度话语的一种有效方法就是和西方制度对话，因为我们很难把自己的话语强加给西方。和西方对话的过程也是让西方理解甚至接受中国制度的过程。要和西方对话，就要确立中西方共同的主题和命题。就经济制度来说，这个共同的主题就是政府和市场的关系，无论是理论层面还是实践层面。西方从亚当·斯密的古典经济学到当代新自由主义经济学，从马克思、凯恩斯再到福利经济学，讨论的都是政府和市场的关系。政府和市场的关系也是中国从《管子》和

《盐铁论》到当代社会主义市场经济学的主题。围绕着同一个主题对话,不仅能够看到不同制度体系形成的深层次根源,更能促进对对方制度体系的理解和接受。

第三,比较的视角。讲中国经济制度的理论与实践不能孤立地讲中国,而要将中国放在世界地图中来讲,也就是要通过和西方各种不同的经济制度体系进行比较来讲。近代以来,中国经济制度发展的一个基本事实就是我们的制度建设深受外部的影响,包括欧美、苏联和东亚经济模式等,因此,如果孤立地讲中国故事就很难讲通。再者,市场经济的形式是多元的。即使在西方,各国的市场经济形态也是不同的,就像这些年盛行的"资本主义的多元性"的概念所呈现出来的。英美的"自由资本主义"和德国等欧洲大陆的"社会市场"不同,日本、韩国等亚洲经济体更是具有自己的特色。通过比较,我们能够说明中国的社会主义市场经济和其他市场经济模式的共同点和差异性,能够明了不同市场经济制度是如何应对各种问题的。

第四,着眼发展中国家的发展需要。叙述中国经济制度是为了回应西方,更是为了增加和强化我们在国际舞台上的话语权,而这种话语权不仅来自西方对中国经济制度的理解和接受,还来自发展中国家对中国经济制度的理解和接受。较之西方,发展中国家更具有动力理解中国经济制度。二战之后,发展中国家广泛接受了西方的经济体制,但大多是东施效颦,西方类型的经济体制不能很好地运作,大多数发展中国家经济得不到发展,甚至仍然处于低水平发展状态。中国改革开放以来的巨大成就无疑对发展中国家产生了巨大的影响，同时中国和发展中国家的经济关联也在加深。因此，发展中国家更需要理解中国成功故事背后的逻辑，这就要求我们把中国经济实践概念化和理论化。也就是说，经济制度的叙述就是要呈现中国"另一种制度选择"的经济面。

资本主义的前途在哪里：
西方经济危机及其改革呼声

迄今，马克思关于资本主义的经济理论还是对的，即：资本主义创造了巨大的财富，但避免不了出现周期性危机；资本主义导致人类社会的不平等，最终酿成资本主义社会的政治危机。2008年全球金融危机无疑是西方资本主义周期性危机的体现。之后，西方国家尽管呼吁各国进行结构性改革，但改革没有任何进展，经济情况一直在恶化，而新冠肺炎疫情更是强化了这一趋势。随着社会不平等的加深，社会分化也越来越甚，最终导致民粹主义的崛起。也就是说，目前西方一些国家尤其是美国所经历的政治危机是经济不平等和社会高度分化的必然产物。正因为如此，改革资本主义体系的呼声也日渐高涨。

2021年1月26日，法国总统马克龙以视频连线的方式参加了达沃斯世界经济论坛，并发表了主旨演讲，质疑当代资本主义，直接表示"现代资本主义行不通了"，资本主义"行不通了"表现在各个方面，包括资本主义所导致的社会不平等、失去人道主义和道德关怀、对资本主义经济外在性（环境和公共卫生等）的漠视等。

马克龙表示："资本主义与市场经济为中产阶层提供了进步机会，但这个体系如今已经破败。全世界成千上万的人都存在一种感受，他们（因为失业）失去了用处。在当前的环境下，资本主义模式与开放经济行不通了，从这场疫情中走出来的唯一办法，就是打造一个更加专注于消除贫富差距的经济。"

马克龙认为，不考虑到人的因素就不能考虑经济问题。经济学首先是一门道德科学，因此人们的生命比数字和金钱更重要。根据马克龙的说法，一方面，"资本主义和市场经济已经证明了它们的成功，我们不能歪曲这个事实。我们知道它使经济开放成为可能，国际贸易和资本主义拯救了数百万人，使数百万人摆脱了贫困。它还使我们能够进行创新，使公民和消费者能够获得商品和服务，这在过去很少发生"。但是另一方面，"这一切的发生都伴随着不同社会中不平等的产生。所以这意味着一些人摆脱了贫困，进入了生产周期。但是它把其他一些人从生产周期中淘汰，许多同胞尤其要面对不同的迁移危机，因此全世界成千上万的人都面临着社会和经济冲击，失去了工作，他们有失去用处的感觉。这是一场深刻的道德和经济危机，这是过去十年资本主义的外在表现"。再者，当代金融资本主义也带来价值连接与利润之间的脱节。马克龙解释道，资本主义的金融化意味着，当经济发展速度比较快的时候，如果你有部分储蓄被分配到需要资金的地方，这可以是一件好事，但是当它过度分配的时候，这就是一件坏事。有风险的资金创造的利润与创新或工作无关,事实就是这样。过度金融化造成了更多的不平等。而社交网络的加速发展,也使得人们的想象力全球化,人们互相比较的尺度是前所未有的。

资本主义必然导致这样的结果,因为基本上资本主义体系只有两大"上帝",即股东和消费者。"这个系统为这两者而生,但它调整了劳动者和其他部门",整个社会必须承受资本主义的外在影响。资本主义"基本上创造了气候的负外部效应,而且助长了社会不平等危机、民主危机、民主制度的可持续性危机以及气候危机"。

国家在纠正资本主义弊端的过程中扮演关键角色。但"因为国家是唯一一个试图纠正(资本主义)外部负面效应的角色,因此它鼓励大量债务自行偿还,以弥补气候变化和不平等。所以这个模式就会有一个压倒性的公共债务,纳税人必须为此买单。(不过)他们(纳税人)不能享受全球化的所有好处"。但政府的这种角色不仅未能改善资本主义的情况,反而恶化着社会的不平等。

马克龙说的这些的确是对当代资本主义所产生现象的描述。不过,马克龙的这些描述也避重就轻了,因为资本主义的现实远比这种描述严峻,尤其在社会分化方面。2020 年暴发的新冠肺炎疫情充分暴露了资本主义的弊端。一方面,经济下行带来的负面影响实实在在地砸在普通人身上:全球经济衰退,失业率暴增,中低收入者承受了更大的生存压力;全球更有 70% 的人口的基本衣食住行都得不到保障。但是另一方面，2020年全球绝大多数资产价格大涨，富者暴富。

正如桥水基金创始人瑞·达利欧指出的，美国最富有的0.1%人群的净财富接近底层90%人群的财富总和。目前美国社会贫富差距达到自20世纪二三十年代经济大萧条以来的最高点。

新冠肺炎疫情下，全球绝大多数国家启动印钞机疯狂印钞，而扩张的货币大部分流向了顶层阶级，底层人群并没有从货币超发中受益。各国央行纷纷开闸放水，降低利率，原本是为了给实体经济注入流动性。但事实上，热钱首先冲进资本市场例如股市和楼市，带来金融市场的向上繁荣。富人阶层往往都拥有股票、房产等资产，这些"有产者"能够首先从货币扩张中实现财富增值。相比之下，中下层人群的主要收入来源是薪酬，货币扩张的好处往往轮不到他们。一是普通人的工资增速往往赶不上资产增值的速度；二是由于普通人资产总额低，且配置单一（以现金和自住房产为主），再加上对金融市场的敏感度低，能够接触的金融工具也相当有限，很难吃到金融市场的红利。且由于底层人群多持有现金，不多的财富还会因为通胀而贬值。以美国为例，资产顶端40%的人的主要资产分散在房产、股票和股权上，而资产底端60%的人的资产则以房产（房贷）为主。因此，当货币超发时，越接近货币发行权的人，越可能获得财富；越远离货币发行权的人，财富越缩水。

也就是说，金融过度化是贫富差距扩大更深层次的原因。虽然从理论上说，发达的金融系统、丰富的金融产品会提高资源配置效率，促进经济增长，但问题是，并不是所有群体都均等地享受了金融发展的好处。

金融自由化是20世纪80年代以来西方新自由主义经济学的核心之一。里根上台之后，华盛顿逐渐放松了对华尔街的管制。此后美国制造业开始逐渐退出中心舞台，金融资本则走向舞台正中央成为新的主角。在这期间，美国企业经历了大规模兼并、拆分重组，大量资本从衰落的制造业退出，转向能获取更高利润的金融、保险、房地产构成的所谓"火烧经济体"。最近30年，大量制造业更是被投资外移到其他国家，导致美国"铁锈地带"出现、白领工作机会下降、低收入阶层扩大、中产阶层数量萎缩。在金融资本主义时代，劳动者显然处于明显的弱势地位，逐渐失去劳资议价权。

从20世纪80年代中后期开始，美国股市持续大幅上涨，过去30年间标普500指数涨幅高达1 100%，这意味着在上涨时期搭乘"股市快车"的人群可以实现资产的快速增值。此外，美国的房价也出现了一定程度的上涨，特别是2000—2007年，美国房屋价格指数累计涨幅达到62.9%。也是在这段时间，资产顶端1%的人群以及大公司的高管们抓住时代红利，纷纷投资股市楼市，实现了资产的快速增值。华尔街由此也培育出了一批财富巨头。

新自由主义经济学主导下的金融自由化导致了摩根士丹利投资管理公司首席全球策略师鲁奇尔·夏尔马所说的一种"富人的社会主义，其他人的资本主义"现象。夏尔马认为，当政府干预的作用更多是刺激金融市场而不是实体经济时,就会出现"富人的社会主义,其他人的资本主义"现象。在今天的美国,拥有80%以上美国股票的最富有的10%的人的财富在30年里增长了3倍多,而靠实体经济中日常有薪工作谋生的底层50%的人没有任何财富增长。与此同时,实体经济生产率表现平平,这有效地限制了穷人和中产阶层的机会、选择和收入增长。

在这种情况下,人们提倡政府对富人增税,为穷人提供更多的救助。但夏尔马认为,当政府继续依赖大规模的经济刺激时,就会导向另一种人们意想不到的后果。2020年7月,夏尔马在《华尔街日报》发表了一篇题为《救助正在毁掉资本主义》的文章,他指出,来得容易的钱和越来越慷慨的救助刺激了垄断的增长,让"负债累累的'僵尸'企业继续存在下去,代价是牺牲了推动创新的初创企业"。所有这些都导致了生产率的下降,生产率下降意味着经济增长放缓,"所有人的蛋糕缩小"。他指出,20世纪80年代,"美国上市公司中只有2%被认为是'僵尸',国际清算银行(BIS)用这个词来形容那些在过去三年里的盈利连支付债务利息都不够的公司"。但"'僵尸'的数量在21世纪初开始迅速增长,到新冠肺炎疫情大流行前,已占到美国上市公司总数的19%"。

这种情况不难理解。政府为了救助企业,愿意购买企业的垃圾债券,但这种长期的、越来越慷慨的救助,扭曲了提高生产率所需的资本有效配置。随着政府为消除衰退不断插手经济,衰退不再发挥在经济中淘汰低效企业的作用,复苏变得越来越弱,生产率增长也越来越慢。因此，补贴增长每次所需的刺激越来越大。

从理论上说，数字创新时代应该是一个带来"巨大创造性破坏的时代"，因为有这么多数字创新工具、这么多使用廉价高性能计算能力的机会、这么多容易得来的钱，初创企业本应出现爆炸式增长，但实际上并没有。夏尔马观察到，"在新冠肺炎疫情大流行之前，美国正在以至少是自20世纪70年代以来最慢的速度产生初创企业、关停现存企业。美国上市公司的数量与1996年的峰值相比下降了近一半，只剩约4 400家"。

从经验来看，在一个货币宽松、低利率的时代，大公司正变得越来越庞大，越来越具有垄断性。这不仅是因为互联网创造了全球的"赢者通吃"市场，让亚马逊、谷歌、脸书和苹果等公司积累的现金储备可能超过许多国家。同样重要的现象是，这些高科技公司能够很容易地用它们过高的股价或积累的现金收购崭露头角的竞争对手，吸收所有的人才和资源，把小企业挤出市场。

这种趋势让美国的经济制度更加脆弱。今天，包括美国在内的许多国家的债务负担都显著增加，即使出现小小的通货膨胀，让10年期美国国债的利率从目前的1%上升到3%，美国也将不得不把如此之多的钱用于支付债务利息，以至于可能用于科学研究、基础设施、教育，或用于未雨绸缪的钱所剩无几。如果到那时美国印更多的钱来应付局面，那么就可能威胁到美元作为世界主要储备货币的地位。

资本主义的金融化、高科技公司的垄断、社会的分化、政府的低效，所有这些都是资本主义体系危机的表现形式。2021年年初，世界知名政治咨询公司欧亚集团发布《2021年世界十大风险》报告，其中"撕裂的美国"排在了十大风险的第一位。而美国撕裂的根源正是"贫富分化"造成的政局混乱与社会暴动。

所有这些也使得西方千禧一代和Z世代对这种扭曲的资本主义形式越来越不抱幻想，他们更喜欢社会主义。实际上，自2008年全球金融危机以来，对越来越多的美国民众来说，尤其在年轻人中间，芝加哥新自由主义经济学遭到批判，马克思的《资本论》又回来了，"社会主义"不再是一个敏感的词。

资本主义的前途在哪里？很多年来，西方社会学界和政策研究界也一直在寻找弥补资本主义制度缺陷的有效方法。不过，受西方社会意识形态的限制，人们大都是从资本主义的变种中寻找，对"资本主义的多样性"的研究就是这种努力的体现。人们发现资本主义并没有一个统一的模式，而是存在着多样性：有英美典型的自由主义经济，有以德国为代表的社会市场，也有日本等亚洲国家的市场经济模式。

夏尔马看到了资本主义的弱点，也主张改革。他认为，面向未来，西方应当多搞点让所有人受益的更包容的资本主义，少搞点让富人受益的未经思考的社会主义。经济增长源于更多的人搞发明、创造新东西。夏尔马写道："没有创业的风险和创造性的破坏，资本主义就行不通。这个制度的核心——破坏和再生——渐渐陷入瘫痪。朽木不再从树上掉下来，绿色的新枝被扼杀在萌芽状态。"

很显然，夏尔马持的仍然是传统自由主义的观点，仍然从资本的利益出发来保护资本主义，但更多的人倾向于发挥社会主义经济体系中包含的集体（共同体）利益和政府的作用。尽管较之美国，欧洲经济体系包含了更多的社会主义成分，但欧洲资本主义也照样面临危机。英国撒切尔革命之后，欧洲传统左派政党向"右"转，例如英国工党在布莱尔执政期间提出第三条道路，在意识形态和经济政策上向资本的利益靠拢，但现在发生了重要的变化。由于深受金融资本主义的影响，英国社会高度分化，导致了政治民粹主义的崛起，脱欧也已成为现实。面对资本主义带来的深刻危机，欧洲政治人物也在呼吁对资本主义体系进行改革。

法国总统马克龙在达沃斯世界经济论坛发言指出，解决当代资本主义问题的有效方法就是扶持"利益相关者资本主义"，即资本主义的主角不再只有股东和消费者，而且包括更为广泛的社会角色。"这就是为什么我相信人类的未来需要保持某些基本的东西，如私有财产、合作、个人和集体的自由，因为这是我们社会的基石。所有这些都促使我们重新思考我们的组织，使之回到公司和事业的核心，反对社会不平等，消除地区差异，避免造成不良的气候后果。所以我们在过去几年所说的经济、社会和环境责任，其实基本上就是企业社会责任。这些都是我们需要创新的地方。我们需要进一步从内部改革我们的公司，所有的利益相关者，包括员工、雇主、股东，就像利益相关者资本主义一样，都需要考虑自身行为在民主、环境以及社会等方面的影响……未来的经济必须是注重创新的经济。人类的竞争力必须建立在迎接气候挑战、减少二氧化碳排放、适应社会、保护生物多样性的基础上。因此，经济必须更具弹性，必须得到更好的组织，必须在供应链中考虑到不可控的因素，必须考虑到人本主义的原则。"

马克龙与欧洲古典自由主义代表人物亚当·斯密强调的都是资本主义的道德面。在亚当·斯密看来，道德和经济本来就是一体的，因此他一方面强调"看不见的手"——市场在为人类创造财富过程中的作用，另一方面也强调"道德情操"。但在新自由主义者眼中，经济的道德面消失得无影无踪——只强调市场的作用，而经济赖以生存的"集体"不见了。马克龙强调"利益相关者资本主义"（或者利益相关者市场经济），无疑是为了再次把"集体"引入经济生活。

而强调经济生活的道德面或者集体面一直是以中国文化为核心的东亚经济哲学传统的一部分。实际上，新冠肺炎疫情发生以来，较之西方社会，东亚社会（中国、韩国、新加坡等）不仅更加有效地抗击了疫情的蔓延，而且在恢复经济活动方面先行一步。美国政界和学界因此提倡美国应当学习东亚经济体的做法，包括向最脆弱的群体提供现金支持，同时加大基础设施投资，以提高生产率和创造好的就业机会。这些年来，美国一些重量级政治人物（包括民主党总统参选人桑德斯）一直在提倡美国应当走欧洲式的"民主社会主义"或者"社会民主主义"经济道路，并且获得了相当的社会支持。

简单地说，今天资本主义所面临问题的根源在于：没有处理好政府与市场之间的关系，资本坐大，政府不能发挥应有的作用；经济生活的集体性质遭忽视而个人利益被过度张扬，道德面消失殆尽进而破坏了社会的存在基础。而解决所有这些问题的核心是处理好政府与市场的关系。美国总统拜登的"拜登经济学"的核心尽管仍然在资本主义的范畴里面，但更多地强调如何发挥政府的作用，通过各种方式保护弱势群体，保护中产阶层。美国的民间也在呼吁政府发挥作用。

也就是说，我们也可以围绕着中国政府如何处理政府与市场的关系来叙述中国的经济制度，通过清楚阐述中西方两种政治经济体系来塑造中国的经济制度话语，阐明存在"另一种制度选择"，同时说明人类基于不同文明实践的各种经济制度可以互学互鉴，而非互相取代。

在阐述过程中，对中国和西方的政治经济制度做比较是必要的。西方一直把它们的政治经济体系视为"普世"的，其原理放之四海而皆准。一个比较视角可以表明，西方的政治经济体系是西方文明或者历史的特殊产物，西方式的市场观念和实践并无普世性，并且西方这些观念和实践也处于不断变化之中。因此，我们的第一步便是围绕政府和市场的关系来论述西方政治经济体系是如何产生和演变的，资本是如何坐大的，以及政府是如何失效的。在此背景下，我们再来论述中国的政治经济体系是如何产生和演变的，政府是如何调节市场，如何防止资本坐大,从而实现资本和社会之间的平衡,满足经济发展需要和社会稳定需要的。

政治经济学的核心是政治和经济的关系,或者说政府应当在经济发展方面扮演一个怎样的角色。在这方面,人类社会迄今并没有一致的看法,不同文明和文化根据自己的经验拥有不同的看法。

政治和经济的分离：西方政治经济学简史

无论东西方，政治经济学的核心就是是否把经济活动视为政治事务和国家的责任。正如经济史学家卡尔·波兰尼所指出的，在人类历史长河中，近代之前，不同文明曾经拥有过差不多的政治经济关系，那就是，经济从来就不是一个独立的领域，而是人类社会诸多领域中的一个，并且经济领域和其他领域有着千丝万缕的联系，共生共存。正因为这样，一个社会的经济生活具有集体性和道德性。实际上，经济就是集体的意思，孤独的个人毫无经济可言。如果说经济因为交易而产生，那么交易只在集体中产生。对这些，即使是自由主义的开山鼻祖亚当·斯密也没有否认过，斯密也因此强调经济的道德面。

不过，在西方，近代以来，因为资本主义的迅速崛起和发展，经济逐渐把自己从社会的诸领域中独立出来，把自己和社会隔离开来，最后发展成为今天的新自由主义经济学形态。从历史来看，西方政治经济学的发展过程也是政治和经济分离的过程，这个过程至今仍然影响着西方社会的方方面面。西方自由主义经济话语，从近代的"放任自由"到当代的"自由即发展"，强调的就是经济的自主性，反对政府干预。在现实中，政治和经济的分离既是西方经济发展的根源，也是社会问题的根源。

而在东方社会，尤其是中国文化圈（东亚），经济活动从来就被定义为政府责任的内在部分，政府以推动经济发展和管理经济为己任，同时也从这个过程中产生政府的统治和执政合法性。尽管政府和市场的关系在不同历史阶段的表现形式不同，但经济活动是政府的责任这一政治经济哲学从古代到当代没有发生根本性的变化。在社会层面，老百姓的文化心理直到今天仍然对政府的经济责任抱有高度的认同。在东亚，没有多少人会认为政府没有责任干预经济和对经济进行管理。

如果把西方政治经济学的源头追溯到古希腊，那么我们就会发现，在古希腊，人们对经济的看法和中国并没有什么不同。在古希腊，家庭被视为国家的基本单元和基础，而经济则是对家庭的管理。这点和中国古代哲学家尤其是儒家的看法非常一致。并且，西方的这一政治经济概念到罗马帝国时期也没有发生很大的变化。

迈入近代之后，随着商人阶层的崛起，这一概念开始在西方发生变化。简单地说，自近代以来，西方社会的政治和经济快速分离开来。这里有两个经验事实非常重要，可以说是它们促成了这种政治和经济的分离：第一，罗马帝国的解体和商人的崛起；第二，政治秩序的重建。

罗马帝国是政治、经济、宗教的混合体。帝国是通过政治手段（包括军事征服）形成和维持的，但在帝国境内的经济是"全球化"的，即帝国之内不同区域之间存在着广泛的自由贸易。帝国利用宗教得到扩张，宗教也利用帝国而扩张。罗马帝国的解体对经济和宗教等方面都产生了重大的影响。帝国解体之后，西方不再存在统一的政体和政治力量，原来帝国的土地被分割成数量庞大的地方性政体（或者小王国），宗教成为最重要的力量。经济活动分散化，寺院经济就是其中最重要的表现形式。

到了欧洲"黑暗时代"（中世纪）的后期，欧洲城市兴起。因为不存在统一的中央政体，城市表现为实质性的自治形式，而城市的政治主体便是商人。商人不仅在欧洲经济发展过程中，而且在欧洲近代国家的崛起过程中扮演了极其关键的角色。没有商人阶层的崛起，很难想象一个近代欧洲如何形成。德国社会学家马克斯·韦伯对城市专门进行了论述。商人（后来被称为"资本家"）履行的主要是经济功能，但经济功能导致了商人的政治功能。商人唯利是图，市场越大，利润越大。这就决定了城市商人发展到一定阶段就必然产生巨大的动力去冲破城市的边界，创造更大的市场。实际上，即使在城市阶段，商人的活动也通过贸易活动而超越了城市。政治人物（国王）的目的便是统治更多的土地和老百姓。帝国是以拥有的土地和人口来衡量其强大程度的。尽管帝国解体了，但政治的扩张性本质是不变的。和商人一样，大大小小的国王也有扩张的冲动。很显然，在扩张这一点上，国王和商人拥有了同样的利益，商人需要一个统一的"民族市场"，而国王需要统一的"民族国家"。两种力量的合一，便在欧洲造成巨大的"中央化",即中央权力形成的动力。欧洲近代的发展首先是国家权力中央化的过程。

再者,政治力量和经济力量之间的交换更造成了欧洲的政治经济制度体系。国王要统一国家,商人要统一市场,两者走到了一起。但是,国王要统一国家,钱从何而来?商人就变得很重要,商人不出钱,国王就没有钱来做统一事业。商人可以出钱,但又不相信国王,这样,交易就产生了。商人要和国王签订"合同",保护自己的私有产权,"私有产权的保护"就是国王和商人之间的契约。但光有这个"契约"对商人来说是远远不够的,如何保障国王在国家统一之后继续履行这份"契约"呢?商人的第二步就是让自己成为国王政治权力的根源。这便是西方最早的"人民主权"概念的来源。很显然,这里的"人民"并非今天人们所说的所有普通人,而是有钱的商人。如何实现"人民主权"?最后的结局便是商人占据议会。议会产生政府,也就是商人产生政府。近代欧洲在很长时间里,议会就是商人的议会。马克思把当时的西方民主称为"资产阶级的民主",而政府只是资本的代理人。在这个意义上,在欧洲,是商人驯服了国王的政治权力,或者说,商人成为和国王分享政治权力的第一个"人民"群体。

不过,政治权力中央化的实际过程并非像这里所说的那样简单。因为这不仅仅是政治力量和经济力量之间的交易,也涉及其他各种力量,包括宗教、各种地方性政体和社会力量。欧洲民族国家的形成过程,尤其是早期,是极其暴力的。实际上,如何统一国家一直是从意大利的尼可罗·马基雅维利到英国的托马斯·霍布斯所探讨的主题,对这个主题的关切产生了单纯的政治学。在马基雅维利和霍布斯那里,政治占据绝对地位,为了国家的统一,国家什么手段都可以用,目标证明手段正确。只有在欧洲国家实现统一之后,欧洲的学者们才开始讨论起政府在经济发展过程中的作用,即政治经济学,主要表现在亚当·斯密和休谟的作品中。可以说马基雅维利和霍布斯开创了西方的纯政治学,休谟和亚当·斯密开创了西方的政治经济学。

之后,随着资本的继续崛起,西方又出现了纯经济学,也就是把经济从休谟和亚当·斯密的政治经济学中独立出来。休谟、亚当·斯密是典型的政治经济学家,他们不仅论述经济,还论述政治和道德。但后来的情况就很不一样了。如前面所说,资本依靠国家的力量而成长,但资本成长之后,便走上了寻求"自治"之路,即要逃离政治的制约而去寻求自身的独立发展。而资本寻求独立的过程,也造就了经济、政治和社会等关系的急剧变化。至少在西方,社会的命运和经济的这一"独立"过程息息相关。而所有这些变化便是西方近代社会科学尤其是经济学发展的根源。

商人(资本)依靠国家力量而得到了统一的民族市场;同时,商人也成为政治的基础,控制了政府过程。这样就造成了实际层面上政治和资本的合一,原始资本主义的崛起不可避免。在这个阶段,资本唯利是图,而整体社会成为资本的牺牲品。雨果、狄更斯、马克思等欧洲作家和哲学家都深刻描述过原始资本主义崛起对社会所造成的冲击性甚至毁灭性影响。当社会忍无可忍的时候，反资本的社会运动即社会主义运动变得不可避免。不难理解，社会主义运动起源于欧洲。无论在哪里，社会主义运动不管其"初心"是什么，最终都以资本和社会之间达成新的均衡而终结。这就是从欧洲开始的福利国家的起源和发展过程。

从原始资本主义到福利资本主义的转型是一个政治过程，即政治力量、经济力量和社会力量三者互动的过程。这三者都具有促成这种转型的动力。就社会来说，转型的基本动力就是追求体面的生活，例如更高的工资、更好的工作和居住环境、更多的教育等等，也就是实现后来被抽象成为"人权"的东西。社会主义运动开始的时候，人们所追求的就是这些具体的利益。不过，马克思当时认为，只有推翻了资本主义制度，改变所有制结构，才能实现这些方面的利益，因此马克思提倡革命。尽管这种新意识在当时也为很多人（尤其是知识分子）所接受，但至少在欧洲并没有实现马克思所预见的革命，传播到俄国和其他一些落后社会之后才发生革命。马克思过于强调社会力量的作用，对政治力量和经济力量的自身变化估计不足。实际上，当社会主义运动开始时，资本和政治都面临一个新的环境，也开始了自我变化过程。

在当时已经变得发达的西欧，资本的自我变化是有动力的。至少有两个动机。首先，资本需要社会稳定。资本必须在不断投资的过程中实现自我发展，因此，投资环境必须是可以预期的。为了稳定，资本是可以拿出一些利益来做交易的。尽管资本一开始就强调"法治"，但资本也意识到，在社会高度分化的情况下，单一的法治并不能保障社会的稳定。因此，资本也并不反对保护社会。不难理解，世界上第一份社会保障计划产生在德国俾斯麦时期，这份计划的目的就是保障社会稳定。第二个变化来自资本自身的矛盾，资本一方面需要剥削工人，但同时又需要消费者。资本控制生产，但所生产的产品需要通过消费者的消费才能转化为利润。消费市场包括内部市场和外部市场。当内部市场饱和的时候，西方资本主义就走上了对外扩张的道路，对非西方国家一边获取生产所需要的原材料，一边倾销商品。"培养"消费者不是资本大发善心，而是资本获利机制的一部分。但在客观层面，这个"培养"过程也是工人阶级满足利益的过程。

政治变革的动力在于政治合法性基础的变化。近代以来，早期君主专制的基础是贵族，或者说传统大家族。如上所述，商人崛起之后开始和贵族分享权力，所以商人是第一个参与政治过程的群体，也是近代西方民主化的主力。尽管早期的"选民"极其有限，主要是有产者和纳税者，并不包括工人、妇女和少数族裔等，但选举逻辑本身具有扩张性，即从少数人扩张到多数人。随着选举权的扩张，政治权力的基础也发生变化。早期，政治权力的基础是贵族和商人，再逐渐扩张到工人。这个扩张过程刚好也是工人阶级中产化的过程。当政治权力基础不再局限于资本的时候，政府开始偏向社会，使得西方福利社会的发展获得了巨大的动力。二战之后相当长的一段时间里，政治力量和社会力量的结合促成了福利社会的大发展。或者说，福利制度的产生和民主政治并无多大的关联，但民主政治的确加速了福利的扩张。

福利社会的大发展一方面强化了社会的力量，但同时也表明资本、政治和社会三者之间的失衡。二战至 20 世纪 80 年代是西方福利社会大扩张时期。从 30 年代的大萧条开始，西方社会逐渐接受凯恩斯主义经济学，政府干预经济合法化。这使得西方政府和市场"两条腿"一起发挥作用，往日的工薪阶层（工人阶级）转变成中产阶层，至 80 年代，西方社会的中产阶层占总人口的比例普遍达到 70% 左右。

但政府干预经济也导致了政府与市场的失衡，至少在资本看来如此，主要表现为官僚体制的大扩张。因为政府负担庞大的福利供给，西方的政府经济领域（也就是公共部门）不断扩张，而公共部门是由政府承担运作的，官僚体制自然扩张。这影响了市场运作的效率。至 20 世纪 80 年代，资本开始寻求新的方式来改变局面，这就是美国里根和英国撒切尔夫人时期以"私有化"为核心的新自由主义运动的大背景。这场运动是对二战以来福利主义的反动。在资本看来，福利主义造成了资本空间的收缩、大政府和强社会的出现。一些公共部门被私有化，另一些公共部门尽管仍然由政府拥有，但转由私人运作。后者也是西方 PPP（public-private partnership，政府和社会资本合作模式）的由来。在英美国家，新自由主义运动还包括政府放松金融管制，进行金融自由化。

不过，就内部私有化来说，这场运动的效果实际上很有限，因为在"一人一票"的选举政治环境中，私有化被有效抵制。例如，在英国，铁路等一些原来的公共部分被私有化，教育领域被部分私有化（即引入了一些市场机制），但医疗和医院没有被私有化。不过，在外部，私有化和经济自由化则取得了前所未有的成功，即造就了长达数十年的资本全球化运动。在20世纪80年代以来的超级全球化中，资本、技术和人才在全球范围内自由流动。资本逃离了本国政府和社会的控制，在全球范围内如鱼得水。结果很明显，即造成了新的资本、政治和社会之间的失衡，政府失去了往日所拥有的经济主权。今天，凡是参与经济全球化的国家，没有政府可以宣称拥有完整的经济主权。政府失去经济主权之后，其二次分配的能力受到有效制约和削弱。全球化所创造的巨量财富落到参与和主导全球化的资本（和技术）手中，社会的大多数不仅没有获得好处，甚至成为全球化的牺牲品。这样，政治、资本和社会的失衡直接导致了收入分配的巨大差异和社会的高度分化。

此外，技术的快速进步也对西方国家的主权性和社会的整合性极为不利。人们把近代以来的西方民主视为"工业民主"。"工业民主"这个概念展示了西方民主的本质。我们以福特工厂为例。福特拥有汽车技术，这项技术使福特工厂创造就业、创造税收，同时随着收入的提高，福特工厂也把从前的蓝领工人转化为中产阶层。今天西方社会所拥有的中产阶层就是工业民主的产物。但今天建立在信息化时代的技术则没有这样的效果。信息化时代技术的一个最大特点就是不仅不创造就业，反而会减少就业。机器人和人工智能的产生与发展使得越来越多的人工被技术取代。也就是说，技术越发展，就业机会就越少。在全球化时代,全球化更是扮演了技术转移就业"国籍"的机制。苹果公司就是一个典型的例子。苹果是美国的技术,它把设计等附加值高的活动放在美国本土,但把那些附加值低的生产活动放在中国等国家。这样就产生了一种情况,即苹果没有在美国创造足够的就业,美国的工人阶级就从美国本土转移到了包括中国在内的其他国家。也就是说,技术本身和技术的流动性都在对就业、税收产生负面的影响,从而进一步削弱西方国家的经济主权和社会整合性。

法国经济学家托马斯·皮凯蒂所著的《21世纪资本论》,论述了当代社会贫富悬殊的严峻情况。作者发现,资本的获利远远超过劳动所得。这个发现并没有什么新奇,因为从来如此,不同的只是比例大小罢了,自然也没有人会否认皮凯蒂所描述的情况。不过,这本书的出版再次引起了人们对资本主义的反思。正因为如此,《21世纪资本论》获得了巨大的反响。但问题在于如何解决贫富悬殊的问题,从而使人类社会能够继续维持作为共同体的局面,至少不至于解体。皮凯蒂强调政府的作用,甚至提出了全世界政府联合起来的设想。这本书也被认为仅仅对西方资本主义做了政治解释。不过,在这一波全球化下,资本已经再次占据西方的主导地位,皮凯蒂的设想过于理想化。现实是残酷的,当全世界政府还没有能力联合起来的时候,全世界的资本早已经联合起来了。实际上,这次全球化就是全世界资本联合起来的结果,而全球性的贫富悬殊则是全世界政府缺少能力的结果。

从历史来看,这里的关键就是西方社会政治和经济的全面

"脱钩"。如前面所讨论的，西方民主已经经历了从传统的"共和民主"向当代"大众民主"的转型。早期的民主是精英民主，即少数人的民主，或者少数人之间的"共和"。但自20世纪70年代以来，随着"一人一票"制度的实现，政治的"合法性"完全基于"选票"之上。这一变化导致了几个结果。第一，政府和发展的分离。尽管经济议题总是西方选举的主题，但政府和发展之间的关联充其量只是间接的，选票和政治权力之间则具有最直接的关联。也就是说，经济表现好能够有助于候选人，但仅此而已，两者没有直接的关联。对候选人来说，有其他太多的方法来获取选票了。第二，政治人物即使想承担"发展"的任务，也会发现缺乏有效的方法来实现发展目标。在西方，政府可以和经济发生关系的方法无非就是财政和货币两种。但是，当利率趋于零的时候，货币政策就会失效；当政府债务过大的时候，财政政策也会失效。西方政府现在倾向于使用量化宽松政策，即货币发行。但量化宽松本身并不解决问题，只能缓解或者推迟问题。第三，巨大收入差异造成的社会高度分化使得传统政党政治失效，政治失去了主体，越来越难以出现一个有效政府，更不用说一个有能力致力于经济发展的政府了。在精英共和时代，西方多党能够达成共识，因为当政者都来自这个小圈子；在以中产阶层为主体的社会，多党也能达成共识，因为不管左右，政党都要照顾到拥有最多选票的中产阶层的利益。但在大众民主时代，尤其是在面临社会高度分化的时候，政党之间只是互相否决，造成的只是更多的社会分化。

在这个背景里，人们就不难理解今天西方盛行的反全球化、贸易保护主义和经济民族主义思潮和民粹社会运动了。所有这些都是西方社会内部政治、经济和社会失衡的产物。西方如何通过改革使得这三者重新回归均衡？这是需要人们思考和观察的。但可以预计，在政府不承担经济发展责任的情况下，即使政府可以积极履行中间角色（主要是税收和货币），而把发展责任简单地留给资本，要走出目前的不均衡状态，也困难重重。

经济发展是政府的责任：
中国政治经济学简史

在东方，中国文明演化出了另一类政治和经济的关系及另一类型的政治经济学。中国文明从来没有在知识（哲学）层面把经济视为一个独立的领域，在经验层面，经济也从来不是一个独立的领域。

确切地说，在中国，经济从来就是国家治理的一个有效手段。在中国古代最重要的经济文献《管子》中，首篇《牧民》就论述了经济对国家治理的重要性。春秋战国时期的诸子百家尽管有不同的看法，但对政府的经济角色并无多少异议，在这方面各派观点之间所不同的只是政府和经济的关系有多深。自汉代的《盐铁论》以来，中国基本上对政府的经济责任及政府如何承担这个责任有了共识。近代以来，西方很多学者把中国视为"水利社会"，进而把水利社会视为中国传统专制主义（"东方专制主义"）的经济社会根源。"东方专制主义"的概念在当代已经转型为各种有关中国"权威主义政体"的论述。不过，很显然，这种论述是单纯从近代西方自由主义观念出发的，即政府不应当干预经济，因为正如前面所讨论的，自近代以来，西方走了一条政治和经济分离的道路。而在中国文明中，水利社会仅仅是中国政府经济责任的表现之一。

今天，西方把中国界定为"国家资本主义"，但实际上并不是这样的。如果人们梳理一下从汉朝到当代中国的经济形态，就会发现，中国几千年来"吾道一以贯之"，存在着一个比西方近代以来的资本主导型更为有效的政治经济体制。人们叫它"资本主义"也好，叫它"市场经济"也好，中国一直坚持的是一个至少有三种资本、三个市场共存的大结构：顶层永远是国家资本；底层都是自由民间资本，像今天的中小微企业；还有一个中间层，就是国家跟民间互动合作的这一部分，在近代被称为"官督商办"，今天被称为"PPP"。在这个结构中，关系到国民经济支柱的领域，或者自然垄断领域，国家一定要占主导地位，但是大量的经济空间要放给民间自由资本，同时在中间层，政府和民间资本积极互动，有合作，也有竞争。通过三层资本结构，政府维持政府和市场之间的平衡，履行经济管理的责任。所以，从结构上说，中国的政治经济学是一种国家主导型政治经济学，其中国家占主导地位，但不仅不排斥市场，而且包容和支持市场的发展。

在中国那么长的历史中，只有四个比较短的时期走了极端，变成了经济国家主义化，即国家完全占了主导地位，市场被有效扭曲或者被消灭。第一个就是两汉之间的王莽改制时期，第二个是宋朝王安石变法时期，第三个是明朝朱元璋改革时期，第四个就是改革开放前的那段时期。在这四个时期，国家跟市场完全失衡，经济的主导权偏向了政府。除了这四个时期以外，中国的国家跟市场基本上都是相对平衡的。不过，应当指出的是，这四个时期的特殊政策是为了解决之前所面临的经济危机，并且即使是在这四个时期，政府的出发点仍然是实现更有效的经济管理或者更快的经济发展。

这三层资本共存的结构也决定了，在中国，市场一定要服从国家治理的规制。市场存在着，但不是西方早期资本主义那样的完全自由市场或者当代新自由主义所界定的市场，而是被规制的市场，存在于一整套制度规则之中。近代以来，西方的市场尽管也是被规制的，但基本上还是资本占主导，政府也要服从市场原则。

在这个意义上，中国古代最好的经济学著作就是《管子》。如果要解释中国几千年的经济历史，《管子》比西方任何经济理论都有效。例如，西方经济学的核心就是供需关系，但供需关系主要靠市场调节。后来的凯恩斯主义有点不一样，即强调政府在这一过程中也要扮一个角色。但即使在凯恩斯主义那里，市场仍然是主体。《管子》不讲供需，只讲轻重，但调节轻重的角色便是政府，而非市场。

近代以来，面临来自西方的挑战，中国社会各方面不断发生快速的变化和转型。不过，在很长的时间里，至少到1949年中华人民共和国成立，中国所要解决的问题是"国家与革命"的问题,而非"国家和发展"的问题。这个顺序并不难理解,因为只有确立了政治秩序,经济发展才能被提上议事日程。前述马基雅维利和霍布斯等把政治秩序置于优先地位的主张在欧洲如此,在世界其他地方也是如此。西方社会的经济发展的确是在政治秩序确立之后发生的。作为反证,人们也可以看到,二战以来,很多发展中国家尽管资源丰富,但因为没有一个有效的政治秩序,经济得不到发展,甚至一直停滞在低水平发展状态。

政治秩序优先的原则放在中国的背景下自然也不难理解。近代以来,在解决"国家与革命"的问题上,中国各派政治力量都有自己的主张,但日后的经验证明,中国共产党是最成功的。这个关键便是中国共产党接受了马克思列宁主义。列宁的经典著作《国家与革命》要解决的便是落后国家如何通过革命确立一个新的政治秩序的问题。毛泽东一代的革命家通过马克思主义中国化把列宁的学说成功应用到中国革命,在和各种政治力量的斗争中胜出,确立了一个新的政治秩序。

中华人民共和国成立后,在一段时间里,毛泽东也曾经想继续用"革命"的手段来解决发展问题,即"继续革命",但并没有获得预想的成功。这里有各方面的因素,包括毛泽东本人所持的"理想社会"形态、中国落后的现实和恶劣的国际环境(即帝国主义对中国的封锁)。改革开放以来,中国是当代世界少数几个最成功地解决了"国家与发展"问题的国家。实际上,改革的成功,恰恰是因为潜意识上对中国传统政府与市场关系的回归。从传统看,中国的改革不是无源之水,而具有必然性。这种深远的传统使得中国和其他国家区分开来。中国和西方区别开来，是因为中国尽管向西方学习市场经济，但不会放弃作为有效发展手段的国有企业，或者说，中国不会变成西方那样的经济，使得政府不能有效从事或者干预经济活动。中国与苏联和东欧社会主义国家区分开来，是因为中国不会像这些国家那样幻想通过简单的政治手段（政治开放和民主化）和"大爆炸式"的经济手段（政府退出经济活动和激进私有化）来谋求经济发展。中国也和很多发展中国家区分开来，因为中国不像它们那样幻想通过依赖西方经济来谋求发展。

从这个角度来看，改革开放以来人们普遍使用的概念"转型经济"并不科学。在大多数人的观念中，"转型经济"意味着从一种形态向另一种形态的转变，即从改革开放前的计划经济向西方式市场经济的转变。直到今天，很多人依然持有这种观念，但实际上并不是这样。中国并没有可能完全转型成西方类型的政治经济体系。尽管中国也向西方学习了诸多东西，但客观地看，中国越发展越具有自己的文明特征。三层资本/市场结构就很典型地体现了这一特征。尽管三层资本/市场的边界在不同时期会有所变化，但这个结构会持续下去。

今天，西方不承认中国的市场经济地位，主要是从西方的意识形态出发的。但不管西方如何批判，来自西方的压力有多大，中国怎么变也不会变成西方那样的市场经济。中国还会继续以上述三层资本/市场结构，互相协调着往前发展，这主要是因为较之西方体制，这一结构有它自身的比较优势。跟西方市场经济比较的话，中国一些经济部门（主要是国有部门）的效率会低一点。但必须指出的是，西方的公共部门（相当于中国的国有企业），其效率也是成问题的。无论是中国的国有企业还是西方的公共部门，大都集中在公共服务领域，具有极强的社会性。这些部门的确可以引入市场机制，但这里的市场机制和纯经济领域的市场机制不能相提并论。再者，中国经济的效率和创新能力主要体现在其他两层，即底层的自由企业和中间层，且并非不如西方。

更为重要的是，就优势而言，中国的三层结构经济体系能够预防大的经济危机，能够应付大的危机，能够建设大规模的基础设施，能够大规模有效扶贫，等等。西方资本主义，正如马克思分析的那样，不可避免地会爆发周期性的经济危机，比如20世纪30年代的"大萧条"、1997—1998年的亚洲经济危机、2007—2008年的全球经济危机等。中国过去40年基本上没有发生经济危机，跟这个政治经济体制的调控能力有关系。中国的政治经济体制更有效应对了2020年突如其来的新冠肺炎疫情。中国在很短时间内就控制了疫情，并且恢复生产，同时向200个左右的国家和国际组织提供医疗物资。自改革开放以来，中国在很短的时间里已经取得了巨大的经济成就，从邓小平所说的"贫穷社会主义"变为世界第二大经济体，即使就人均GDP而言，中国也已经从20世纪80年代初的不足300美元提升到12 000美元以上。不过，中国对"人类命运共同体"更有意义的事情并不是中国已经有多少人致富，而是已经有多少人脱贫。在过去的

40多年里，中国已经促成了8亿多人口脱贫，光是党的十八大以来，中国就促成了1亿人口脱贫。中国政府2021年初宣布中国消灭了绝对贫困这一困扰中国几个世纪的难题。这个社会奇迹远比经济奇迹更为重要。如何理解这个奇迹？就在于这里所论述的中国文明的政治经济观念及其演化出来的政治经济体制。

从广义上说，东亚经济模式也是中国文明的衍生。东亚经济体包括日本、韩国、中国台湾、中国香港、新加坡，被世界银行视为"东亚奇迹"。人们发现，二战之后，在仅有的十几个跳出了中等收入陷阱的经济体中，就有东亚这五个经济体。而这五个经济体就处于传统意义上的儒家文化圈之内。在儒家文化圈内，一个普遍的认识就是，推动经济发展就是政府的责任。这五个经济体内对政府如何推动经济发展也有不同的看法，但没有人会怀疑政府在推动经济发展中所要承担的责任，它们的一个共识便是：发展是硬道理。进而，这五个经济体的政府不仅推动了经济发展，而且做了巨大的努力，通过社会建设，培养中产阶层，实现了社会的转型。今天，其中一些经济体（尤其是中国台湾）因为效法西方民主，政府和经济开始分离，政府无能继续推进经济发展，结果造成了类似西方的问题。这个趋势值得进一步观察。

历史不会终结。没有一种政治经济制度是完美无缺的，任何政治经济制度都要与时俱进，符合时代的需要。今天，东西方两种政治经济模式都面临着问题和挑战。无论从理论上还是经验上来说，西方面临的问题需要通过结构性再造来解决，而中国面临的是在现存结构之上进行调整和改进的问题。

在西方，主要问题是如何实现政治经济之间的再关联，也就是政治如何再次对经济行使权力，使得经济在一定程度上配合政治的需要，从而在经济和社会之间实现再平衡。目前西方内部民粹主义崛起，对外经济民族主义崛起，主要是要解决内部经济问题。2008年全球金融危机是西方经济结构失衡的产物，但这么多年过去了，经济结构并没有变好。主要的问题是，在政治难有作为的情况下，结构性调整光靠经济力量本身很难实现。这些年来，美国政府想在经济上有所作为，包括再工业化、技术创新、保护本国产业等，但并没有实际效果，很多方面的经济结构还在恶化。再者，包括和中国进行贸易战在内的很多方法不仅不能改善内部经济结构，还产生了更多的新问题。北欧少数国家开始试行"一人一份工资"模式，但很显然这也不是什么新思路，而只是福利模式的扩大版。西方如何能够像当年建设福利国家那样再次进行重大的改革和调整来实现政治、经济和社会的再平衡还有待观察。

对中国模式来说，经济发展一直是政府的责任，这一点不仅不会被放弃，而且会更加巩固。中国可以改进的地方有很多，但就内部来说，主要围绕三层市场结构的平衡展开。从经验来看，无论是国家主义占据主导地位还是市场主义占据主导地位，都会导致失衡，从而引发危机。如何实现平衡？这需要产权、法治和政策各个层面的共同努力。就产权来说，光强调私有产权的明确和保护远远不够，国有企业的产权、国有和民营合作的产权以及私有产权同样需要明确，需要具有同样的权利。就法治来说，法律必须平等地适用于三层资本。应当强调的是，在这方面，现有的政治或者政策保护已经远远不够，而亟须把政治和政策的保护转化为法治的保护。就政策来说，主要是根据三层资本结构的发展情况，尤其是失衡情况进行调整。这就决定了，政府要在必要的时候对不同资本进行扶持和发展，或者对它们进行监管甚至节制。需要进一步研究和厘清哪些领域需要以国有企业为主体、哪些领域可以大量让渡给民营企业、哪些领域可以由政府和民营企业进行合作等问题。政府需要促使企业——无论是国有企业还是一些领域的民营企业（例如高科技公司）——追求自身的发展能力，而不是通过现有的方法（例如垄断、政策寻租等）生存。政府更需要赋权社会本身培养自身的发展能力，包括经济和社会两个方面，使得社会有能力来平衡资本的力量，而不是仅仅依靠政府来平衡。

第四章 如何正面叙述中国政治制度？

近代以来，在任何社会，一个国家的政治制度都是该国的核心制度。以中国共产党为核心的政治制度是中国总体制度的核心，正如西方以"民主"为核心的政治制度是西方总体制度的核心一样。再者，政治制度一旦形成就会对社会生活的方方面面产生巨大的影响，逐渐地变成这个社会不同社会群体生活方式的一部分。正因为这样，一个国家对另一个国家政治制度的批判和攻击往往导致对方政府和民众的最有力反击。同时，向另一方阐述自身的政治制度，希望另一方理解和接受自己的政治制度，也是一个社会的重要理论和传播议程。

近代以来，西方民主国家在向外传播和推广自己的民主体制方面投入了巨量的人财物力，现在也应当轮到我们来做这方面的工作了。但是，我们在这样做的时候，要学习西方阐述和解释自己的政治制度的方式，而不是像往日的苏联或者冷战之后的美国那样使用各种方式强行输出自己的政治制度。苏联已经失败了，而美国的实践表明了几点：第一，强行输出政治制度成本极高；第二，没有明显成功的案例，失败的案例却比比皆是；第三，把自己的政治制度强加给其他社会，破坏和解体了当地原生的政治秩序，使得当地处于无政府状态；第四，激起当地人民的愤怒，使之逐渐演变成反美的力量。因此，我们在阐述中国政治制度的过程中，也要考虑这些影响，这也就是我们一贯强调既不简单地输入外国的政治体制，也不向外国输出中国的政治体制的理由。

对中国政治制度的攻击是美西方对华政策的核心。中国的政治体系今天面临前所未有的外部挑战。美西方把中国的政治制度描述为西方民主自由政治制度的对立面，即专制政体。"中国政治制度威胁论"已经成为西方世界"中国威胁论"的核心。在美西方，不仅反华的精英这么看，一些普通老百姓也这么看。

就美国来说，特朗普时期形成了对华"外围内分"的大战略，即从外部围堵中国，从内部分化中国。现在进入了拜登时代，这个大战略不仅没有变化，而且变本加厉。拜登上台以来，美国总统、国务院、国土安全部、国会等已经出台了系统的对华政策，而重点就是"围剿"中国的政治制度。美国和其盟友进行针对中国的积极沟通，围绕着新疆、香港、台湾等问题继续妖魔化中国政治制度，在政策层面大搞抵制 2022 年北京冬奥会的全球性活动，也联合欧洲诸国的反华力量抵制中欧投资协议的批准和生效，甚至联合制裁中国。

一些西方国家、非西方的"民主"国家，甚至"非民主"国家，尽管在经贸和技术方面和美国有不同看法，但它们在维护"自由民主"的价值观上具有共识。这些国家的学术和政策研究界往往把中国一些学者对西方自由民主的批判视为中国政府在全球范围内"推翻"西方民主制度的企图，因而把自身的反华行为"升华"为民主保卫战。

但同时，美西方本身的民主政治制度也面临着史无前例的治理危机。尽管20世纪80年代以来，美国和其他西方国家取得了可持续的经济发展，但因为这些国家没有能够有效应对全球化、技术变革等因素所带来的冲击，收入和财富差异加大，中产阶层萎缩，社会越来越分化，最终导致了民粹主义的崛起。而"大众民主"和互联网时代的社交媒体崛起更分解了以往以"民主"名义统治社会的政治精英集团，多党政治失去了共识，政党失去了目的，执政党为了执政而执政，反对党为了反对而反对，多党民主演变成了"互相否决"政治。西方治理体系的基础是政党政治。精英统治集团的分化使有效治理变得不可能。这也是今天西方很多社会乱象频发的政治根源。

应当指出的是，今天西方所经历的治理危机更使得很多西方人对自己的治理制度没有信心，而这种内部没有自信的状况转而成为他们攻击中国政治制度的有效动机。在西方对自己的治理制度具有信心的时候，他们对所谓来自中国政治制度的威胁没有很强烈的感觉，但一旦他们对自己的治理制度没有信心，他们就倾向于渲染来自中国政治制度的威胁，甚至制造出"中国政治制度威胁论"这一"稻草人"。而中国一些学者对西方总体自由民主制度的批判又使得西方一些人（有意或者无意地）把这个"稻草人"视为真人。

问题是，在这样的情况下，我们怎么办？这里至少有两种不同的选择。第一种就是持续目前"痛打落水狗"的做法，即继续容许一些媒体尤其是社交媒体批判甚至攻击西方自由民主制度。

可以预见，从目前西方的动员状态来看，西方对中国政治制度的攻击不会停止，甚至会出现不断升级的情况。而中国一些民众的民族主义情绪也空前高涨，并且因为中国改革开放以来的成功，年青一代对中国的崛起具有一种天然自发的自豪感，因此一旦遇到西方对我们的批评和妖魔化，我们往往以牙还牙，结果就是互相批评指责。双方一些人之间的互相批评指责并没有促成自己在对方那里软实力的增强，反而使之急剧减弱。也就是说，中国和西方民众各自对自己的政治制度的认同感都有增强，但对对方政治制度的认同度都大大降低。这也是目前中西方民众趋向互相不理解甚至敌视局面的原因。在这样的情况下，中国和西方政府即使各自想改变日益恶化的外交现状也变得极其困难（如果说不是毫无可能的话）。

除非我们采用"命定论"，即认为中国和西方的最终冲突不可避免，否则我们还是需要花大力气改变这种恶性循环，避免"命定论"。历史都是开放的，任何形式的"命定论"都不足取。尽管面临西方施加的压力，我们需要进行外部斗争，但我们必须理性地考量我们的斗争方式。我们的目标是让更多的人理解和认同我们的政治制度，而不是仇视我们的政治制度。这么多年来，我们为什么那么强调向世界解释中国，讲好中国故事，就是为了在国际舞台上增加和提升我们的软实力。这样做不是软弱，更不是投降。从战略层面来说，这是关系到我们国家的现代化能否持续的重要问题。近代以来，中国的现代化几次因为外在环境的恶化而被迫中断。今天，西方反华力量攻击我们政治制度的目的并没有多少变化，也是企图再次中断我们的现代化进程。

在这方面，我们对己对人都必须持十足的现实主义态度，来不得半点马虎。我们绝对不能轻视和低估美西方对中国政治制度的围堵。近代以来，西方已经数次因新意识形态的产生发动了对非西方政治制度的围堵。第一次大规模的围堵就是在西方内部围堵马克思主义。马克思主义是对西方民主制度的反叛，马克思主义作为一种意识形态也是欧洲社会主义运动的有机部分。社会主义运动产生在欧洲资本主义内部，被视为内部敌人。西方各国资本团结起来，一致围堵由马克思主义产生的社会主义制度。最终，西方资本通过妥协的方式取得了内部的成功，那就是资本主义从原始资本主义转型为福利资本主义。第二次是西方资本主义从外部围堵苏联。苏联模式产生在西方之外，是马克思主义的直接应用。苏联成功之后，西方诸国几度围堵苏联。通过长达半个世纪的冷战，最终西方资本主义也战胜了苏联，使苏联解体。而对那些被西方视为"敌对势力"的较小国家，西方更是赤裸裸地动辄使用武力来解决问题。

中国已经成功地发展出了自己的政治制度模式，既不属于西方模式，也不属于苏联模式。更为重要的是，尽管我们把自己的政治制度界定为"另一种制度选择"，但我们并没有任何意图来挑战西方政治体制，更不用说要取代西方政治制度了。西方把中国政治制度视为西方的对立面、需要西方对抗的战略目标，如果我们不能在对抗中获胜，那么我们就避免不了被西方围堵。

在这方面，我们存在着第二种选择，即我们的重点不是批判西方政治制度，更非毫无边界地和西方互相指责。我们的重点应当是从正面叙述和解释自己的政治制度。

正面叙述我们的政治制度也有我们内部的需要。2021年是中国共产党成立一百周年，在这一百年里，中国共产党本身也发生了很大的变化。尽管我们强调保持革命的初心，但我们早已从革命党成功转型为执政党，并且是唯一的执政党。在这个背景下，强调"初心"就是为了长期执政。改革开放以来，执政党及其政府也发生了巨大的变化。因此我们需要与时俱进，重新考量很多旧的表述。基本上，新的表述需要同时做到三个维度：第一，和自己的历史接轨（如"初心"）；第二，和自己的未来接轨（如"使命性"）；第三，和世界大趋势接轨（追求我们认为具有普世性的价值）。

实际上，西方所经历着的治理危机也是我们叙述中国政治制度的一次有效机会。我们完全可以通过和西方政治制度的比较进行中国政治制度的论述。一方面，我们需要直面西方所提出的问题，例如西方指责我们"专制""极权""权威主义""个人独裁"等等，我们就要回答我们为什么不是西方所说的那样。另一方面，我们要直接回答我们到底有什么样的政治制度。在和西方的比较中，我们需要强调我们政治制度的一整套逻辑，包括：开放的一党执政、内部多元主义、协商民主、参与民主、内部三权（决策权、执行权和监察权）的分工与合作等等。如果回归这些一直存在于我们政治制度运作背后的基本事实，并且根据这些基本事实讲清楚中国政治制度的运作逻辑和理性，那么就能确立我们的政治制度话语。

我们相信,第二种选择要比第一种简单地互相指斥有效得多。第二种方法即是从和西方政治制度话语的对话和斗争中确立我们的政治制度话语权。

美西方对中国政治制度的围堵

美国和其他西方国家对中国政治制度的敌视由来已久。1949年中华人民共和国成立之后，以美国为首的西方就长期围堵以中国共产党为核心的政治体制，这种情况直到中美建交才改变。中国改革开放之后，美国相信中国的改革开放政策最终会促使中国的政治制度演变成西方那样的民主制度。但是，经过数十年的改革开放，中国的政治体制不仅没有演变成美国所预期的西方政治体制，反而越来越"中国化"，即体现中国文明的特色。在过去的数十年里，中国政治制度与时俱进，在推动国家实现可持续经济发展和可持续社会稳定的同时，也实现了自身的可持续支撑和领导。不仅如此，中国的政治制度逐渐产生了国际影响力，成为很多发展中国家学习和参考的制度选择，我们自己也提出"另一种制度选择"的概念。中国政治制度的强势崛起和西方民主所经历的困局直接导致了"中国政治制度威胁论"在西方的崛起，而围堵中国政治制度也自然成为以美国为首的西方对华政策的重中之重。

美国视中国政治制度为敌

在特朗普时代，美国不仅通过结成"世界队"从外部围堵中国，还形成和实施所谓的"四分"政策从内部分化中国。第一，美国企图把中国共产党和中国人民分化开来，把矛头指向中国共产党。美国情报机构加强调查、监视具有中国共产党党员身份赴美访问的中国公民，也扬言不给中国共产党党员签发美国旅行证件。第二，美国企图把中国共产党和其领导层分化开来。针对我们的新疆和香港政策，美国已经对相关中国领导人和官员进行"制裁"。以美国前高官名义由美国著名智库大西洋理事会匿名发表的《更长的电文》就认为，所有的"错误"应当由领导层来承担，而非整个中国共产党。不过，美国强硬派坚持把责任归给中国共产党体制，认为所有结果都是这个体制造成的。第三，美国企图把汉族和少数民族分化开来，利用涉疆问题，把中国的民族政策妖魔化为"种族灭绝""民族文化灭绝"政策。第四，美国还试图把"中"与"华"分化开来。美国把中国大陆视为"中"，把香港、台湾地区，以及新加坡和其他各国的海外华侨称为"华"或者"英华"，即接受英美教育和西方价值观的华人。美国（和其他一些西方国家）在香港问题上投入了大量的人财物力，这是香港乱局可以持续那么长时间的一个主要原因。现在因为我们就香港问题推出了《中华人民共和国香港特别行政区维护国家安全法》（以下简称《香港国安法》），美国正在把阵地转移到台湾地区和新加坡。此外，美国政府在决策上破天荒地起用在美工作的反共力量，余茂春就是一个典型的例子。

尽管拜登上台之后一直在就特朗普的政策进行"拨乱反正"，但在对华政策上，拜登不仅承继了特朗普路线，而且变本加厉。再者，与特朗普的"退群"不同，拜登政府再次强调盟友政策和关系，美国的盟友也开始再次靠拢美国，跟着美国走。例如，欧盟也跟随美国就涉疆问题对中国官员进行制裁；日本也亦步亦趋，在应对中国方面与美国步调高度一致。

拜登2021年2月4日在美国国务院发表他首场外交政策演说时说，中国是美国最严峻的竞争者，给美国的繁荣、安全和民主价值都带来了直接挑战。拜登说："我们将直面中国的经济恶行，反制其咄咄逼人、胁迫性的行为，顶回中国对人权、知识产权和全球治理的攻击。"不过，拜登也说："我们做好了准备，在符合美国利益时与中国共事。"很显然，尽管拜登较特朗普更为理性一些，但在中国问题上，拜登较特朗普更进一步。特朗普更多强调中国对美国经济方面的"威胁"，但拜登所指的中国"威胁"涵盖了经济（繁荣）、国家安全（安全）和政治（民主价值）。

2021年2月19日，拜登受邀参加慕尼黑安全会议并发表讲话，在强调捍卫西方民主的同时攻击中国。拜登指出："在许多地方，包括欧洲和美国，民主进程正受到攻击。……我相信，我全身心地相信民主必将获胜。我们必须证明，在这个变化了的世界上，民主政体仍然能够为我们的人民服务。在我看来，这是我们振奋人心的使命。……民主不是偶然发生的，我们必须捍卫它，为之奋斗。我们必须捍卫它、争取它、加强它、更新它。我们必须证明，我们的模式不是我们历史的遗迹，它是振兴我们未来承诺的唯一最佳途径。如果我们与我们的民主伙伴共同努力，充满力量和信心，我知道，我们将迎接每一个挑战，并超越每一个挑战者。"

拜登接着指向了中国，说："我们必须共同为与中国的长期战略竞争做好准备。美国、欧洲和亚洲共同努力，确保和平，捍卫我们共同的价值观，推动我们在太平洋地区的繁荣，将是我们所做的最有影响的努力之一。与中国的竞争将是激烈的。这是我所期待的，也是我所欢迎的，因为我相信欧洲和美国以及我们在印度洋-太平洋地区的盟友们在过去70年里努力建立的全球体系。"拜登说："我们必须回击中国政府破坏国际经济体系基础的经济滥用和胁迫行为。每个人都必须遵守同样的规则。美国和欧洲的公司必须公开披露公司治理情况、公司治理结构并遵守规则，以阻止腐败和垄断行为。中国公司也应该遵循同样的标准。我们必须制定针对网络空间、人工智能、生物技术领域中的技术进步和行为规范的管理规则，让它们用来提升人，而不是用来压制人。我们必须捍卫民主价值，使我们有可能实现这些目标，反击那些将垄断和压制正常化的人。"

2021年3月25日，拜登在上任两个月后的首场记者会上强调，今天的世界是民主跟专制政体之间的对抗，他将重建全球的民主联盟，以确保美国在同中国的对抗中获胜。拜登表示，尽管美国无意与中国发生冲突，但在香港及新疆等问题上永远不会退缩，敢于表态，向中国重申美国重视自由和人权的价值。

美国国务卿布林肯则视中国为"21世纪最大的政治挑战"。他在2021年3月3日其首场外交政策演说上表示，许多国家都对美国构成严重挑战，包括俄罗斯、伊朗及朝鲜，美国也有很多必须处理的严重危机，包含也门、埃塞俄比亚与缅甸危机，"但中国带来的挑战不同"。他解释："中国是唯一具备足够经济、外交、军事与科技实力，能严重挑战现行稳定开放国际体系的国家，挑战我们所希望的世界运转方式，挑战符合美国人民利益且反映其价值观的所有规则、价值与国际关系。"布林肯说，因为中国是"21世纪最大的地缘政治考验"，中国是唯一被他列为优先工作事项的国家。他说："美中关系会在该竞争时竞争，能合作时合作，必须敌对时敌对。其共同点是美国都须以强而有力的立场应对中国，而这要靠与伙伴盟友合作，而非贬低批评他们，因为众人的力量会让中国更难以忽视。"

从拜登本人、白宫发言人普萨基、国务卿布林肯、国家安全顾问沙利文、国防部长奥斯汀、国家情报总监海恩斯以及美国政府其他高级官员迄今为止的各种政策表述看，有两件事是非常清楚的。

第一，拜登政府采纳了与中国"竞争"的总体框架。拜登甚至使用了"极端竞争"一词，并在他的首次重头外交政策演讲中将中国称作"我们最严峻的竞争对手"。第二，拜登政府把中国的"不可接受的外交行为"和中国的政治制度联系起来。正因为这样，拜登政府强调，拜登团队不仅将对中国采取以价值观为导向的政策，对俄罗斯和其他专制政权也将采取同样的政策。长期以来，美国民主党在外交政策上有两大主要阵营——"价值观优先"阵营和"实用政治"阵营，而拜登政府则是由前一派主导的，其政府内几名负责中国事务的高级官员有在非政府组织从事人权和民主促进工作的强大背景。实际上，布林肯在2021年2月5日与杨洁篪的电话交谈中，就表明了其以价值观为中心的关注重点。

更需要我们重视的是，美国的政策研究机构也在加紧研究如何利用中国政治制度的"固有弱点"来击败中国，就如美苏冷战期间美国利用苏联体制的"固有弱点"击败苏联一样，这一点没有比《纽约时报》的一篇文章说得更清楚的了。《纽约时报》于2021年3月30日发表了一篇题为《美国如何赢得与中国的冷战？》的署名文章。作者指出："在第一次冷战中，美国和盟国拥有针对苏联及其卫星的秘密武器。它既不来自中情局，也不来自国防部高级研究计划局或者洛斯阿拉莫斯的武器实验室。这个秘密武器是共产主义。共产主义之所以帮助了西方，是因为它使苏联背负了一个无法运作、不受欢迎的经济体系，无法跟上自由市场对手的步伐。"苏联的制度因素"解释了为什么一个拥有成千上万个核弹头的政权会退出历史舞台"。

文章说："现在我们正进入第二次冷战，这次的对手是中国。这个结论来自本月在安克雷奇举行的中美高层会议，双方明确表示，他们不仅有利益冲突，而且还有不相容的价值观。国务卿布林肯直斥中国'威胁维护全球稳定的基于规则的秩序'。中国最高外交官杨洁篪回答说，美国必须'停止在世界其他地方推进自己的民主'。"

对美国社会和其他西方国家的影响

美国大张旗鼓地宣扬"中国政治制度威胁论"在美国民众中滋生着激烈的反华情绪。盖洛普公司 2021 年 3 月发布的一项民调结果显示，只有 20% 的美国民众对中国有好感。这意味着，有 80% 的美国民众对中国缺乏好感。而且，美国民众不仅对华持负面情绪，而且支持政府对华强硬。根据皮尤研究中心 2021 年 3 月的一项民调，53% 的美国受访者支持"对中国采取强硬政策"；此外值得一提的是，有 55% 的受访者支持"限制中国留学生在美国的学习"。在历史上，即使是因意识形态对中国有偏见的美国民众，一直以来对中国留学生也是很宽容、怀有好感的，促进中国学生赴美留学一直是美国长久以来的国策。但如今限制中国学生留学美国居然成了多数意见，说明美国民众对中国的负面认知程度可能比我们想象的更加严重。

同样严重的是，在美国的鼓动下，越来越多的西方政治人物对中国的政治制度持恶意态度，很多西方国家的民众也开始认为中国的政治制度对西方的自由民主制度构成了威胁。2021 年初，加拿大民意调查机构 Maru 的一项民意调查结果显示，52% 的受访者视中国为最大安全威胁，其次是俄罗斯（42%）、朝鲜（39%）和伊朗（33%）。另外，55% 的受访者认为，一场与社会主义国家的"全球消耗战"已经展开，并且将造成数以千万计的人死亡,这些社会主义国家正利用各种活动,破坏其他国家的主权和政治制度。

和许多对中国经济具有依赖性的小国一样,爱尔兰以往一直尽量避免在敏感问题上与中国公开唱反调。但现在,一些爱尔兰人认为,因为中国在试图"推翻"西方民主秩序,爱尔兰可能被迫出手对华采取更强硬的立场。2021年2月底,爱尔兰的四名议员加入了"对华政策跨国议会联盟"(IPAC),这个跨国政党联盟旨在协调各国对中国采取强硬态度,以使民主国家政治制度不受中国的"侵蚀"。

2021年3月19日,以中立著称的欧洲国家瑞士公布了首份"中国战略"文件,强调在人权问题上与中国有不同价值观。瑞士政府同日发表声明表示,中国近年来发展迅速,在经济和政治上成了一支重要的国际力量。中国是瑞士的第三大贸易伙伴,然而,两国间也存在价值观的明显差异。因此,确保对华政策清晰一致至关重要。瑞士承认,新的中国战略是当局"对目前地缘政治发展做出的回应","大国之间日趋激烈的竞争以及中国和美国的两极分化都不符合瑞士的利益"。

瑞士的对华政策基于三个原则:(1)瑞士奉行独立的对华政策,把中国视为外交重点国家之一,"捍卫瑞士的基本价值观";(2)主张将中国纳入自由的国际秩序和应对全球挑战的努力,只要能带来附加值,瑞士将与志同道合的伙伴更密切地协调;(3)对中国用平衡、连贯和协调的方式。在和平与安全方面,瑞士向中国明确表示,"尊重个人基本权利必须是两国关系的核心内容。在所有双边和多边场合都必须始终如一地提及人权问题"。

欧洲评论家普遍认为，瑞士出台首份对华政策表明这个传统的"中立"国家也有意选边站队了。实际上，人权问题在中美、中英之间引发尖锐矛盾之后，也成为中国与欧盟关系紧张的主要原因。2021年3月22日，欧盟30年来第一次就维吾尔族的人权问题宣布对中国实施制裁。而欧洲议会对中国反对欧盟所采取的对应措施不满，将中国与欧盟已经完成谈判的投资协议束之高阁。

激化台湾问题

美台关系在特朗普时期持续升温。拜登上台之后，继续提升美台实质关系。一个值得注意的大趋势是美国在花大力气把台湾塑造成一个"强健的民主政体"，并使之以这一身份参与国际事务，至少是"民主阵营"的国际事务。这势必大大恶化两岸关系。美国国务卿布林肯2021年3月10日在众议院的一场听证会上回答议员关于拜登政府是否支持台湾参与世界卫生组织、邀请台湾参加"民主峰会"及展开美台"自贸协定"谈判等的提问时强调，台湾是一个"强健的民主政体"，并承诺将邀请台湾参加由美国筹办的"民主峰会"。"民主峰会"是拜登在竞选时期提出的倡议，2020年他在《外交事务》期刊发文说，将在当选就任后一年内举行"全球民主峰会"，以更新自由世界国家的精神及共同目的，"将把世界民主国家汇聚一堂，强化我们的民主体制，诚实地对抗那些正在倒退的国家并凝聚一个共同的议程"。美国如果在这方面找到突破口，那么对中国来说无疑是一个严峻的挑战，因为我们在台湾问题上没有任何妥协的空间。

拜登政府已经把多位有台湾背景的美籍华人纳入政府，包括管理美国之音（VOA）等媒体的国际媒体署（USAGM）代理执行长赵克露、贸易代表戴琦、白宫国家经济委员会科技和市场竞争政策特别助理吴修铭。这些任命既表明拜登政府对台湾的重视，更表明拜登政府想利用这些人的"知华"来应对中国。这些人，尤其是吴修铭，一直持"台独"立场。

实际上，拜登执政以来，美国一直在升级和台湾的关系。为了达到打击中国大陆、支持民进党当局的双重目的，拜登政府并不急着解决中美贸易战，而是又延续了特朗普政府利用台湾对中国大陆进行技术封锁的策略，还尝试对"美台经贸关系"进行升级。过去这几年，美台之间的经贸合作聚焦高科技产业链（尤其是半导体产业）的重组，双方对话机制因为美方有更多部门（特别是国务院和商务部）参与而更加广泛和深入。眼下所谓的"美台贸易谈判"有提速的新迹象，台湾还很有可能加入美"印太经济框架"。全面地看，美国外交和安全部门也日渐成为"美台经贸关系"的推手，台湾在高科技领域中的优势被赋予更多的战略价值，因而提升"美台经贸关系"有被融入"护台抗中""以台制华"的美国整体对华战略的趋势。俄乌冲突发生以来，美国一方面领导西方制裁俄罗斯，同时也在台湾问题上变本加厉。2022年8月，美国众议院议长佩洛西执意窜台。拜登政府尽管口头上承诺支持一个中国政策，但其实际行为和特朗普政府没有实质性区别。

抵制 2022 年北京冬奥会

在距离北京冬奥会仅剩不到一年的时间里，在中国政府积极进行各项筹备工作时，一些西方国家的非政府组织、党派和政治人物也在积聚反华力量抵制冬奥会。而"中国政治制度威胁论"成为这些反华力量抵制冬奥会的一个有效工具和抓手。尽管反华力量经常利用所谓的"新疆问题"来妖魔化中国，但归根结底他们指向的是中国共产党领导下的政治体制。这些反华力量提倡的方法有如下三种。

第一，直接抵制。2021 年年初，一个由 180 个国际人权团体（包括世界维吾尔代表大会、国际西藏连线等反华组织）组成的联盟针对 2022 年北京冬奥会发表公开信，呼吁世界各国领导人以中国的人权记录为由抵制它。同一时间，7 名美国参议员提出一项议案，希望国际奥委会重新选择 2022 年冬奥会主办国。

第二，改变冬奥会举办国。美国佛罗里达州的共和党联邦众议员迈克尔·华尔兹于 2021 年 2 月 17 日呼吁国际奥委会应立刻将 2022 年冬季奥运会转移到中国以外的其他地方举行，称如果不改变举办地点的话，拜登政府应抵制比赛，作为对中国政府侵犯人权的回应。

第三，经济抵制。美国共和党联邦参议员米特·罗姆尼在《纽约时报》发表文章指出，美国应让运动员出征 2022 年北京冬奥会，但可在经济及外交层面拉拢盟国进行杯葛（抵制）。

罗姆尼认为中国在中国共产党的统治下不应举办冬奥会，明确提出美国杯葛冬奥会的理由，但他认为禁止美国选手参赛并非应对问题的正确答案，他说："当我协助筹办2002年盐湖城冬奥会时，我了解到我们的选手及其家人，为奥运会做出极大牺牲。假如要求这几百名年轻美国运动员代表我们（对中国）提出抗议，对他们不公平。"他指出，美国1980年曾杯葛莫斯科奥运会，结果苏联没有改变恶行，反而夺得更多奖牌，令美国运动员夺标梦碎，反映由运动员杯葛冬奥会并非向外国政府施压的有效方法。他认为，冬奥会不单是中国展示国力的平台，也是展示美国和普世价值的平台，美国杯葛冬奥会可能带来反效果。罗姆尼因此认为，美国健儿应继续出战北京冬奥会，但美国可以在经济及外交上予以杯葛，"除了运动员、教练及其家人，所有美国观众应留在家中，拒绝在饭店、餐饮及入场券上，为中国共产党带来庞大收入"。他指出，美国企业过去一般会邀请顾客和雇员亲身出席奥运会，2022年应停止有关做法，改为全体留在美国观赛。罗姆尼指出，政府方面，过去美国会派正式外交官员及白宫官员出席冬奥会，而对北京冬奥会，可改为邀请中国异见人士、宗教领袖及少数民族代表美国出席。

更早些时候（2020年10月），英国外交大臣多米尼克·拉布也表示不排除对2022年北京冬奥会进行抵制的可能。

不过，西方政治人物的这些企图并没有成为现实。尽管美国和一些西方国家用各种手段来抵制冬奥会，但中国不仅没有被西方的这些行径影响，反而主办出一届令世界瞩目的冬奥会。

美国内部和美西方之间可能的分化

尽管美国联合西方诸国攻击中国政治体制，但我们也应当意识到，美国内部及美国与其他西方国家的关系并非铁板一块。我们从正面叙述中国政治制度的其中一个目的就是分化甚至改变美国内部或者西方世界对中国政治制度的认知。而这种改变和分化是有经济社会基础的。

首先，美国内部存在着分化，那就是为了"民主"还是为了经济利益。如果为了"民主"，那么美国企业和企业家就会站在美国政府的立场上，和政府合作，来反对中国的政治体制；但如果为了经济利益，那么美国企业和美国政府就很难相向而行。

例如，就在美国政府警告防范中国窃取美国人工智能机密的同时，一项最新民调显示，多数美国科技行业工作人员支持与中国合作，结束美中科技行业的紧张对峙。美国科技媒体 Protocol 在 2021 年 3 月 15 日发布的一份对美国科技行业从业人员的问卷调查显示，56% 的受访者认为美国对中国科技公司限制过头，60% 的受访者支持与中国科技公司进行更紧密的合作，58% 的人认为美中矛盾可能会削弱美国科技产业。不过，在华为问题上，46%的受访者认为美国该封禁华为。美国科技业对中国科技业这一相对友好的态度与美国民众对中国日益警惕的态度形成了对比。

同时，美国在团结其盟友一致对付中国方面也并不容易，面临严峻考验。拜登上台以来，他及国务卿布林肯和其他高官与一些国家的对等官员进行了数十次通话和会议，这些通话和会议中反复出现的话题是如何处理中国问题。《华尔街日报》2021年3月5日引述美国政府官员的话说，拜登政府向日本、印度和澳大利亚等国家表示支持，因为这些国家都与中国存在领土和其他纠纷。另外，美国还试图笼络那些目前把中国视为主要贸易伙伴的欧洲国家。这一行动已初见成效，包括延长了驻日美军协议，以及接近与韩国达成类似的协议。

但在呼吁盟国合作应对中国的同时，拜登政府也不得不顾及伙伴国对中国以外问题的关切。2021年2月，日本外相茂木敏充说，最近的缅甸政变在他与布林肯的40分钟通话中占了大部分时间。茂木敏充说，美方保证，日本在缅甸的投资不会因美国对缅甸将军的制裁而受损。

拜登政府负责对华政策的官员称，要获得其他国家的支持，就有必要考虑这些国家的利益。"我们要时刻谨记，我们的一些盟友和伙伴有很多与我们一致的利益，也有一些不太一样的地方。"这位官员说，近年来，中国在世界舞台上"寻求填补美国缺席造成的真空"，因此，美国的重新参与"能够帮助对抗中国试图在整个国际体系注入的一些完全反民主的标准和价值观"。

拜登在慕尼黑安全会议上呼吁民主国家携手对抗中俄等威权体制,但《南德意志报》指出,虽然拜登的愿景美好,但西方国家对当前的世界秩序尚未做好准备。《慕尼黑水星报》则提问道,面对中国,应该有多少合作及对抗才合适?

《南德意志报》在一篇题为《毫无章法的西方国家》的评论文章中指出,美国总统拜登争取全球领导地位,但中国正在超前,而西方国家尚未对新的世界秩序做好准备。作者写道,在奥巴马犹豫不决的执政风格以及特朗普任期的影响下,西方国家首先退居防守状态,接着又陷入分歧。如今西方国家缺乏共同目标,以及实现目标的力量和决心。

评论认为,中国利用过去几年奠定了拓展地缘政治的基础,迟早会与西方体制发生碰撞。"这种敌对竞争是否能得到控制,不是由拜登总统独自决定,而是取决于西方国家整体的信誉。"

《慕尼黑水星报》则发表了题为《西方畏惧中国:拜登和默克尔发出警告——是否该捐赠疫苗?》的文章,认为尽管美国和欧洲利用慕尼黑安全会议召开之机,共同强调捍卫民主的重要性,但双方在中国政策上的拉锯仍在持续。拜登在视频演说中呼吁民主国家联手对抗中俄等制度性竞争对手。他认为,只要各国合作,民主就能运作。会上也讨论到如何重新赢回过去忽视或放弃的地区,例如以捐赠疫苗的方式应对中俄在非洲的"疫苗外交"。

但文章马上就提出疑问,面对中国,需要多少合作,又该有多少对抗？"自拜登上台后，美国和欧洲便就共同的中国路线进行拉锯——其中最主要的问题是，应该有多少合作才正确。在美中陷入贸易纠纷之际，欧洲却与中国展开经济合作。2020年，中国超越美国成为欧洲最大贸易伙伴；同年底，布鲁塞尔不顾拜登的建议，与北京达成了投资协议。"即使拜登本人，"在慕尼黑安全会议上也表示，有必要与中国合作。进步的好处应该惠及所有人，而不是少数人。拜登在（2021年）2月初的演说中曾强调，在符合美国利益的前提下，他做好（与中国）合作的准备"。

西方治理危机及其根源

今天,在世界范围内,越来越多的国家正深陷治理危机。从欧洲、美国和很多非西方的发展中国家的政治现状及发展趋势来看,在权力顶层,已经在世界范围内发生着一种可以称为"核心危机"(或者"首脑危机")的现象,给各国国内政治和国际政治都带来了巨大的不确定性。而核心危机的核心便是政党危机。近代以来,几乎在所有可以称为"现代"的国家,政党无一不是政治生活的核心。尽管政党之外的各种社会力量尤其是非政府组织也在成长,但政党仍然是各国的政治主体。政党组织社会,凝聚共识,产生领袖,治理国家。但今天,在所有这些方面,政党都出现了严重的问题,政治危机也随即产生。

在西方,今天的治理危机和民主政治密切相关,甚至可以说是西方民主政治的直接产物。当然,核心危机并不是说今天西方各国没有了核心,而是说西方所产生的核心没有能力担任人民所期待的角色和发挥相应的作用。今天西方的政治核心或者统治集团至少表现为如下几类。

第一，庸人政治。民主制度所设想的是要选举出"出类拔萃之辈"成为一个国家的领袖或者领袖集团，但现在选举出来的领袖很难说甚至可以说绝非最优秀的。退一步讲，如果说选举出来的政治人物是否优秀很难判断，那么从经验上看，这些被选举出来的领袖没有多少是有所作为的。再者，即使这些政治人物想作为，实际上也很难。这或许是因为领袖个人的能力，或许是因为领袖所面临的制约过多。不管是什么原因，结果都是一样的。相反，人们看到的是，民粹主义式的不负责任的领袖越来越多。最显著的行为就是领袖们动不动就进行公投，用公投方式来解决政治人物本身解决不了的问题。近代西方代议制产生的原因在于，在大而复杂的社会，公民行使直接民主不可能，因此公民选举出他们的代表让这些代表来行使权力。这些代表也就是人们日常所说的政治精英或者统治精英。在近代以来的大多数时间里，代议制民主运作良好。不过，代议制民主运作良好的一个前提条件就是精英民主，也就是说，民主只是少数人的事情。在今天大众民主（即"一人一票"民主）的时代，当这些"代表"之间达成不了政治和政策共识的时候，政治和政策之争最终演变成了党争，领袖们在面临这种情况时不负责任地诉诸公投，把本来自己有责任决定的事情简单地交付给老百姓决定。这样，间接民主就转变为直接民主。就其形式来说，公投的确是直接民主的最直接表现，也就是最民主的，但问题在于公民本身对很多问题是没有判断能力的。这并不是说民众很愚昧，而是因为如德国社会学家马克斯·韦伯所言，政治是一种职业，需要专门的人士（政治家）来从事。很显然，收集、分析政策信息需要时间和专业知识，而这些是一般民众很难具备的。在今天这个社交媒体时代，"假新闻"盛行，这更增加了民众做理性政治判断的困难。因此，民众在公投表决之后，对公投的结果又后悔。这在英国的"脱欧公投"中表现得淋漓尽致，西班牙加泰罗尼亚公投更是如此。更为严峻的是，公投经常导致一个社会的高度分化，社会处于简单的"是"与"否"的分裂状态。结果，公投这一最民主的方式导致了最不民主的结果，往往是 51% 的人口可以决定其余 49% 人口的命运。

第二，传统类型的"出类拔萃之辈"正在失去参与政治事务的动机。就民主政治所设想的"政治人"理论来说，参与政治（即参与公共事务）似乎是人类最崇高的精神。从古希腊到近代化民主早期，这一设想基本上有充分的经验证据，因为无论是古希腊还是近代民主早期，从事政治的都是贵族或者有产者（主要是马克思所说的资产阶级或者商人阶层）。贵族和有钱阶层往往能够接受良好的教育，并且不用为生计担心，是有闲阶层，他们中的很多人有服务公众的愿望。韦伯称这个群体为"职业政治家"。但在大众民主时代，"政治人"的假设已经不那么和经验证据相关了。从理论上说，大众民主表明人人政治权利平等，不管政治经济社会背景如何不同，所有人都有同样的机会参与到政治过程中去。这样，很多政治人物不再是专业政治家，政治对他们来说只是一份工作，并且是用于养家糊口的。与过去相比，政治的"崇高性"不再存在。并且在大众政治时代，政治人物所受到的制约越来越甚。在这样的情况下，很多"出类拔萃之辈"不再选择政治作为自己的职业,而选择了商业、文化或者其他领域,因为在那些领域更能发挥自己的作用。

第三,取代传统的"出类拔萃之辈"的便是现代社会运动型或者民粹型政治人物。无论在发达社会还是发展中社会,这已经是非常明显的现象。自然,这种现象并不新鲜,从前也发生过。在西方,每当民主发生危机的时候便会发生社会运动。无论是自下而上的社会运动还是由政治人物自上而下地发动的社会运动,都会产生民粹主义式政治人物。在发展中国家,在二战之后的反殖民运动过程中,曾经产生过很多民粹式政治人物。为了反对殖民统治,政治人物需要动员社会力量,同时社会力量也已经处于一种随时可被动员的状态。今天,无论是发达的西方社会还是发展中社会,民粹主义到处蔓延:有左派民粹主义,也有右派民粹主义;有宗教民粹主义,也有世俗民粹主义。民粹主义式的社会运动一方面为新型的政治领袖创造了条件,另一方面也为各个社会带来巨大的不确定性。

第四,强人或者强势政治的回归。民粹主义政治的崛起正在促使政治方式的转型,即从传统制度化的政治转向社会运动的政治。从社会运动中崛起的政治领袖往往具有强人政治的特点,即往往不按现存规则办事。破坏规矩是民粹主义的主要特征。这不难理解,如果根据现行规则办事,那就出现不了民粹。西方民主政治一般被视为已经高度制度化了,甚至过度制度化了。不过,民粹主义式领袖往往可以轻易对现存政治制度造成破坏。这一点在美国特朗普身上就表现得非常清楚。

中国政治制度的核心是中国共产党

前面讨论了美西方对中国政治制度的（错误）认知及它们对中国制度的围堵，也讨论了西方和非西方政治治理方面所面临的危机，现在我们讨论如何叙述中国的政治制度。正如我们前面所强调的，我们需要在和西方的比较中来叙述中国政治制度。

无疑，中国政治制度的核心就是中国共产党。如前所述，美西方对中国政治制度的攻击和妖魔化也是围绕着中国共产党展开的。因此，要叙述中国政治制度就要回答两个相关的问题：中国共产党是什么？中国共产党是如何在实现国家的经济可持续发展和社会的可持续稳定的同时，实现了自身可持续的制度支撑与领导？

回答第一个问题的核心就是探讨中国共产党的开放性问题。而认识这个问题必须将之置于上述今天世界范围内各国政党所面临的挑战这一国际背景下。西方社会总是批评中国共产党的"保守性"，认为中国共产党缺乏西方所认同的"现代性"，如民主、自由、公平等。但事实上并非如此,甚至完全相反。中国共产党所独有的"开放性"使得中国共产党用自己的方式获取和实现了西方的现代性。

改革开放以来的40多年时间里,中国共产党内部发展和国际背景之间的关系发生了几次很大的变化。20世纪70年代后期和80年代初期,中国共产党主动开放,不仅抓住国际机遇,赢得了发展的机会,而且开始了自身从革命党向执政党的转型。但在1989年之后,尤其是在20世纪90年代初苏联和东欧社会主义政权解体之后,中国共产党转向应对危机。在这段时间里,尽管也有制度变化,但中国共产党主要通过应对危机来巩固执政党的领导权。从2012年的中共十八大以来,中国共产党再次转型,根据国际形势的变化,不仅巩固了自己的全面领导权,而且把国家制度建设提到议事日程上来。所有这些都是中国共产党开放性的产物。

作为一个开放政治过程的中国共产党发展历程

中国共产党是什么?中国共产党并非西方那样的政党,正因为如此,现有的所有西方政党理论都难以解释中国共产党。我们认为,简单地说,可以把中国共产党的发展历程界定为一个开放的政治过程。可以用三个相关的概念来描述这个开放过程,即开放、竞争和参与。

开放是核心,是竞争和参与的前提。在中国的政治领域,开放指的是政治过程的开放，即政治过程向不同社会群体开放，向不同精英群体开放，向不同的利益开放。在这个前提下，开放又可引发出另外两种情况，即竞争和参与。竞争就是竞争人才，管理国家社会经济事务等方方面面的人才。竞争不是西方意义上的单纯的选举，而是选拔基础之上的选举，或者贤人政治之上的民主。参与就是社会的不同群体参与政治过程。竞争又是参与的前提条件，没有竞争，就没有参与。参与既可以是对人才选拔或者选举的参与，也可以是对政治人物的政策制定和落实的参与。

开放、竞争与参与是对中国文化环境中传统政治模式的反思性总结，更是对改革开放以来中国政治实践的总结。历史的经验表明，中国政治的兴衰和政治过程的开放度紧密相关。当政治开放的时候，竞争就会出现，社会就有参与的机会，政治就兴旺；反之，当政治封闭的时候，竞争就消失，社会就变得和政治毫不相关，政治就会衰落。作为一个开放的政治过程，中国共产党的发展历程可以置于中国的文化传统中来解释。

在漫长的中国历史中，开放是中国文明最主要的特征。和其他基于宗教的文明不同，中国文明的主题是世俗主义。宗教文明的一个最大特点就是排他性，而世俗文明的最大特征就是包容性。包容性的代名词就是开放，就是说中国文明向其他文明开放，不排斥其他文明。中国文明在其发展史上已经包容了其他很多文明因素，最显著的当是其成功地吸纳了佛教文明。每次外来文明的到来，在最初必然构成挑战和冲击，但当成功吸纳外来文明的时候，中国文明就会有长足的进步和发展。

文明的开放性直接表现在政治制度方面。在封建社会时期，皇权体制蔓延数千年而不中断，有其内在的理由，简单的否定并不能加深我们对中国文明的认识。很显然，较之西方近代民族国家之前的封建体制，中国皇权体制具有相当的开放性。尽管皇权本身是排他的，但相权是开放的。用现代语言来说就是，国家的"产权"属于皇帝，但国家的治权或者管理权属于社会。皇权只属于皇帝本人和皇族，即使这样，如史学家钱穆先生所指出的，也只有皇帝一个人的位置是可以继承的，其他都没有继承的合法性。这和欧洲国家的政治家族的继承制度不同。

同时，中国的相权相当开放，开放给所有社会阶层，并且这种开放性是高度制度化的，主要通过科举考试制度实现。尽管从理论上说，皇权无处不在，但在实际的操作上，皇权的空间并不大，是有限度的。不仅皇权本身受制于很多仪式规范，皇帝也往往统而不治，政府（相权）拥有实际的行政权力。正因为如此，传统中国发展出了日后令欧洲人赞叹不已的发达的文官制度。

而治权的开放性就直接导致了社会的开放性，主要表现在社会流动性和政治流动性两个方面。用现代社会科学概念来说，传统中国只有阶层和阶级的概念，而没有出现流行于其他社会的宗族和种姓概念。阶级和阶层是开放的，即可以通过个人的努力来改变自己所属的阶层和阶级地位，但宗族和种姓则是恒定不变的，人们无法通过自己的努力来改变自身所属。所以，中国传统儒家强调的是有教无类，人人都可以通过教育来改变自己。

中国世俗文明数千年不中断和其开放本质有关。但是，传统文明的开放性也具有局限性。从文化融合来说,有些历史时期中国文明显得信心不足,倾向于走向封闭。例如明朝中断郑和下西洋进程之后,国家开始封闭。但应当指出的是,这种封闭性并非排他性。封闭性只是防御性和防卫性的体现和手段。修长城、闭关守国是为了防卫,而非文化排他。因此,皇朝在信心恢复之后,又会回归开放。

传统中国开放性的最大局限甚至敌人也是皇权本身。皇权本身表现出来的是排他性、垄断性和继承性。也就是说,皇权本身与开放性格格不入。皇权是整个政治制度的核心,这个核心本身不能开放。因此,皇权的更替只能通过革命来解决。皇权的这些特点导致其直接的衰落。当其他社会的皇权被边缘化,仅仅成为政治象征的时候,中国的皇权被现代政党权力所取代。

在生存了数千年之后,到了近代中国,传统皇权国家在西方近代国家面前不堪一击。在清王朝衰落之后,中国经历了半个世纪的转型,即从传统皇权转型为现代政党权力。这个转型是近现代中国历史最有文化意义的部分。数千年的传统是否因为半个世纪的革命就消失了?我们认为,传统文化并没有因激进主义和革命而消失,而是在革命过程中转型了。

这就是说,人们必须对中国的政党制度做一种文化解释,而非简单地把中国的政党理解成西方的政党,尽管双方都在使用"政党"的概念。中国的执政党是什么?这个问题看似简单,实际上很不容易回答。人们经常用理解世界上其他国家政党的方法来理解中国的执政党。不过,很显然,尽管形式类似,尤其是和列宁主义政党类似,但中国的政党和西方政党所包含和传达的文化含义非常不同。

无论是西方民主国家还是发展中国家,只要实行多党制,任何政党代表的都是一部分人的利益,所谓"党派"也。"党"的原意指的是人口的一部分,而非全部。在多党制体系下,政党的生存和发展靠的是政党的开放性。如果政党的目标是掌握政权,那么就要得到大多数人的认同。再者,如果同一政党之内的政治力量意见不合,就可以另行组成政党。我们可以把此称为"外部的多元化"。同时,人民有权利在不同政党之间进行选择。如果不喜欢政党 A,就可以转而选择政党 B 或者 C 等。这个政治过程就为政党提供了制度机制,迫使其开放,以最大限度地吸纳不同的利益。

在中国,尽管有不同的民主党派和其他政治团体存在,但执政党只有一个,因为其他党派和政治团体必须通过执政党所确定的政治过程参与政治。在中国,中国共产党的主体性不言自明。中国共产党的这种主体性在很长的历史时间里并没有改变,也不会改变。这不仅是因为中国共产党本身的生存发展因素,更是因为这种主体性具有深厚的历史文化根源。中国数千年的历史上并没有产生近代政党概念。和近代政党比较相近的概念就是"朋党",但"朋党"在中国政治文化中并没有合法性,历代历朝都出现过打击"朋党"的事件。另一个概念"乡党"也并无近代政党的意涵。

中国近代政党的概念来自西方。但是到了中国,这个概念就逐渐发生了质的变化。中国并没有多党政治的传统，多党竞争在中国缺乏足够的文化土壤。接受西方教育的孙中山先生曾经尝试过西方式的多党制，但失败了。失败的原因是什么？表面上看是军阀或者党派之争，但实际上是深层次的文化原因。在社会还不能接受多党制的情况下，这一制度必然失败，不管以何种方式。中国政治历来有统一的权威，这个统一的权威，传统上是皇帝。在中国人看来，皇帝不仅仅是一个个人，而是一整套制度，即帝制。这种思想延续下来，现在是希望有一个统一的组织，有一个权威的政党。人民从前希望出现一个好皇帝，现在则希望出现一个好的党的领导集体。中国老百姓对政党的认同是很显然的。

中国的深厚传统文化表明，一方面，中国的政党很难演化成为一个西方式政党；但另一方面，政党这种组织形式又使得它和过去的皇权制度区别开来。前面说过，皇权制度是一个封闭的体系，是"家天下"。但政党发展历程则可以成为一个开放的政治过程，向各个社会群体和利益群体开放。也就是说，尽管从结构上，传统皇权和现代政党权力具有相似之处，但现代政党权力具备传统皇权所没有的特点，那就是，现代政党权力具备开放性。传统皇权究其本质来说是不可民主化的，因为它的载体是个人和家庭，而现代政党权力的载体则是组织。个人和家庭不可民主化，而组织则可以民主化。

实际上，自改革开放以来，中国共产党所经历的变化越来越体现为文明性，就是说中国共产党开始呈现一个开放性政党的特点。这也就是中国共产党和以前苏联、东欧社会主义国家的政党区别开来的地方。中国共产党作为唯一的执政党，在社会经济利益多元化的条件下，选择的是向各个社会群体和利益群体开放政治过程。这种选择也是文明使然。简单地说，中国共产党已经开始形成一党主导下的开放型政党制度。

开放最重要。任何一个政治制度，如果不开放，就必然表现为排他性和封闭性；只有开放，政治才具有包容性。如上所说，政治上的开放性，在西方是通过外部多元主义，即多党政治来实现的。每一个利益群体都能够找到代表其利益的政党。在中国，因为没有多党政治，是依靠内部多元主义来实现的。社会上产生了不同的利益群体，执政党就向它们开放，把它们吸纳到政权里面，通过利益的协调来实现利益代表。在革命期间，政党要强调依靠一些特定的阶级和阶层，但执政党必须依靠所有的阶级和阶层才能拥有最广泛的社会基础。

中国共产党的转型不可说不快。就社会群体来说，进入中国共产党的政治过程，也是最有效的利益表达方式。在很大程度上，中国共产党的"三个代表"已典型地表明中国共产党必须代表不同社会利益这样一种现实的认知。改革开放以来，中国包括私人企业主在内的中产阶层的规模并不大，但业已表现出强烈的参政要求。这也就是为什么执政党与时俱进，不仅给包括私人企业在内的非国有部门提供宪法保护，而且也容许和鼓励私营企业家入党参政。中国共产党党员成分变化也能说明这一点。在毛泽东时代，工人、农民、干部和解放军占党员的绝大多数，但改革开放以来，知识分子、专业人士和新兴社会阶层的党员人数越来越多。

如果说西方采用的是外部多元化,那中国政党制度所体现的是内部多元化。各种利益群体先内部化,即被容纳进现存体系,在体系之内争取利益和协调利益。在成功地解决了民营企业家加入执政党、进入政治过程的问题之后,中国共产党又开始强调社会管理,致力于通过吸纳更多的社会力量来扩展执政的基础。

这种内部多元主义的开放性,其有效性并不比其他任何制度差。2010年,中东发生"茉莉花革命",一些人开始把中国视为和阿拉伯世界类似的政体。但从内部多元主义来说,中国和阿拉伯世界有很大的不同。阿拉伯世界基本上既无外部多元主义也无内部多元主义,多数政权表现为封闭性,由一个家族(君主政权)或者少数几个家族长期垄断政权,统治国家。即使在西方民主国家,例如英国、美国和日本,国家政权也经常被几个政治大家族垄断。从统计学角度来看,从社会底层进入政治领域的人数,中国远远超过民主国家。共产党领导不是家族统治,这使得共产党更具有群众性。

如果从开放的文明特质来说,开放式建党,建设开放性政党制度必然成为中国政治改革的大趋势。

中国共产党的"自我革命"与现代性探索

开放性也规定了中国共产党的现代性。自改革开放以来,海内外都在讨论中国方方面面的现代化过程和所获得的现代性。因此，即使论及中国共产党，话题也总是围绕着中国共产党做了什么、是如何推动社会经济发展的。在很大程度上，人们一直忽视了中国共产党本身的现代化和所获得的现代性。实际上，如果不能理解中国共产党的现代化和现代性，就很难理解其他方方面面的现代化和现代性。一个最重要的事实就是：中国共产党是中国的政治主体，是唯一的执政党。中国共产党党员有9 800多万，大多数社会精英都在党内。传统上，中国共产党把自己定义为"先锋队"，"先锋队"就是要起领导作用的。所以，讨论中国的现代化就必须先讨论中国共产党的现代化。这9 800万人现代化了，就可以带动整个国家的现代化。如果中国共产党没有现代化，那么就不会有国家的现代化；如果中国共产党自身实现不了现代化，那么就会拖国家现代化的后腿；如果中国共产党自身首先实现了现代化，那么就有能力引领国家的现代化。简单地说，中国所有其他方面（包括经济、社会和文化等方面）的现代化都取决于政治的现代化，也就是作为政治主体的中国共产党的现代化。因此，我们可以把中国共产党作为执政党引入的改革称为中国共产党的"自我革命"，通过不断的自我革命，中国共产党重新规定了自己的现代性。在这个基础之上，才可以讨论国家的现代化和中国对国际社会的贡献。

从这个角度来看，要认识中国共产党十八大以来的自我革命，就必须理解当今世界所普遍面临的政治权力危机，尤其是政党治理危机。不理解世界性的权力危机，就很难理解中国共产党所进行的自我革命的世界意义。

如何解释中国共产党的现代性？这个问题就需要把中国共产党置于中国近代以来的政治启蒙运动的历史及其演进中。作为一个近代政治组织，中国共产党这样的组织在中国的历史上从来没有产生过，它是中国近代政治启蒙的产物，是在启蒙运动中萌芽、产生和发展起来的。

中外学界有这样一个共识，即中国传统政治体制和现代政治体制的最大不同在于，传统政治体制的目的在于守旧和维持现状，而现代政治体制的目的在于转型和进步。传统体制也不是没有变化，但变化的目标在于维持现状，就是防止具有"革命性"的变化。汉朝之后，"罢黜百家，独尊儒术"，从思想上遏制了任何可以催生重大政治变化的因子。儒家成为唯一的统治哲学，而儒家的核心就是维持统治。德国近代哲学家黑格尔就认为"中国没有历史"。的确，从秦始皇到晚清的数千年，中国只有朝代的更替，但没有基本制度的更替。马克思的"亚细亚生产方式"的概念也和黑格尔的观念一致。中国学者金观涛等人的"超稳定结构"也是这个意思。人们既可以说这是传统政治体制的生命力，也可以说中国数千年缺少结构性的变化。

现在的政治体制则很不一样了，主要是因为在启蒙运动过程中牢固确立了进步的观念，社会是可以有进步的，进步可以是无止境的。从孙中山革命到蒋介石的国民党，再到共产党革命，数代中国人都在追求变化，都有一样的目标，即要改变中国，要有进步。在近代启蒙运动中，人们对从前维持旧体制的儒家个人伦理做了最激进的批评和攻击。不过，尽管从前的伦理不再可行了，但各派政治力量对未来是怎样的则没有形成共识。中国需要什么样的变化？如何追求变化？变化的目的是什么？各种政治力量都持不同观点。中国共产党选择追求最激进也最深刻的变化，这也就是中国共产党成立以来所追求的社会主义革命，用革命来推翻旧政权，彻底改造社会，确立一个全新的制度。自然，这里面也引申出今天中国所面临的种种矛盾，最主要表现为传统儒家哲学和马克思列宁主义之间的矛盾，前者的功能在于维持现状，或者为了生存而调适自己，而后者则是追求变化，而且是无穷尽的变化。

20世纪90年代中期以后，随着老一代革命出身的政治人物成为过去，中国共产党加快了从原来的革命党向执政党的转型。这个转型方向极其明确，但是对"何谓执政党"这个问题，人们的认识并不是很清楚，也不深刻。可以说，自从转型开始以来，无论在理论层面还是实践层面，人们对这个问题一直处于探索过程之中。不过，有一点是很明确的，如果一个政党仅仅是为了执政而执政，那么必然导致自身的衰落。这既明显表现在苏联和东欧共产党执政的历史中，也表现在今天西方那些根据选票计算其执政合法性的政党的历史和现实经验中。

那么，现代性表明什么？现代性不会从天上掉下来，也不会随波逐流而来。近代以来，现代性是通过"革命"或者"斗争"得来的。今天，现代性仍然意味着中国共产党在向现代执政党转型的过程中不能失其革命性。在成为执政党之后，传统意义上，继续启蒙和革命显然已经很不适应新的形势。革命毕竟是要推翻现存制度，而执政则是要维持现行体制。1949年之后，共产党仍然要通过社会运动"继续革命"，即去除自己建立起来的官僚体制的弊端，至少要避免官僚体制返回旧制度的特点，这和执政党的本质构成了矛盾。清除官僚主义运动的激进化既造成了党内政治上的灾难性后果，也造就了社会的"普遍贫穷化"（即"贫穷社会主义"）。而"普遍贫穷化"则是毛泽东领导的革命本身所要消灭的对象。

改革开放后，中国共产党重新界定了党的现代性，即要达成解决"普遍贫穷化"问题这个革命原来的目标。不过，在重新界定现代性的同时，中国共产党也努力保留着执政党的"革命性质"。比如，"干部四化"就是个很好的例子。"四化"即革命化、年轻化、知识化、专业化。革命化居首，还是头等重要的，即只有"革命化"才能促成执政党在达成其所设定的新使命的同时实现现代性。

但是，因为改革开放之初的现代性主要是由国家的经济现代性所规定的，执政党的现代性不可避免地要受这种经济现代性的影响。在经济领域，中国很快形成了GDP主义。就经济发展而言，GDP主义实际上功不可没，中国在短短的数十年时间里彻底改变了"贫穷社会主义"局面。2012年的中共十八大之前，中国已经跃升为世界第二大经济体、最大的贸易国，人均GDP也从20世纪80年代初的不足300美元跃升到6 000美元。更重要的是，中国促成了近7亿人口脱离绝对贫困状态。这些成就被国际社会视为世界经济史上的奇迹。

不过，GDP 主义也深刻地影响着执政党本身，影响着其党员干部的行为方式。简单地说，执政党本身被严重商业化了。在十九大报告和修改党章的说明中，中国共产党已经充分意识到商业化对党作为组织及其党员个人的负面影响。

早在党的十八届六中全会上，习近平就很直观地描述了执政党所面临的严峻局面。他说："在一些党员、干部包括高级干部中，理想信念不坚定、对党不忠诚、纪律松弛、脱离群众、独断专行、弄虚作假、庸懒无为，个人主义、分散主义、自由主义、好人主义、宗派主义、山头主义、拜金主义不同程度存在，形式主义、官僚主义、享乐主义和奢靡之风问题突出，任人唯亲、跑官要官、买官卖官、拉票贿选现象屡禁不止，滥用权力、贪污受贿、腐化堕落、违法乱纪等现象滋生蔓延。特别是高级干部中极少数人政治野心膨胀、权欲熏心，搞阳奉阴违、结党营私、团团伙伙、拉帮结派、谋取权位等政治阴谋活动。"① 这里所说的既有党员的个体行为方式，也有他们的集体行为方式，既有地方层面的，也有中央层面的。

习近平对共青团也有过严厉的批评。在《习近平关于青少年和共青团工作论述摘编》中，习近平批评共青团，"空喊口号"，"形同虚设"，"四肢麻痹"，"说科技说不上，说文艺说不通，说工作说不来，说生活说不对路，说来说去就是那几句官话、老

---

① 《习近平：关于〈关于新形势下党内政治生活的若干准则〉和〈中国共产党党内监督条例〉的说明》，新华社，2016 年 11 月 2 日。

话、套话，同广大青年没有共同语言、没有共同爱好，那当然就会话不投机半句多"。"如果青年在前进，而团组织没有与时俱进，不能成为青年的领头羊，反而成了青年的尾巴，那何谈团结广大青年啊？何谈扩大有效覆盖面啊？跟都跟不上啊！"①人们把共青团的现象概括成为"四化"，即"机关化、行政化、贵族化、娱乐化"。可以说，类似现象也普遍存在于其他组织中间。

无论是党内出现的现象还是共青团出现的现象，或许是现代商业社会的共同现象，或者说这些现象也具有"现代性"，不管人们喜欢与否。但无论如何，这是中国共产党作为执政党必须避免的"现代性"。如果执政党迁就这些"现代性"，随波逐流，向这些"现代性"投降，那么其衰落就变得不可避免了。

因此，中国共产党需要通过重申自己的使命，强调自己的初心，复兴其革命性，再次界定自己的现代性。如上所说，毛泽东的设想是通过"继续革命"保持执政党的现代性，但他的实验没有成功。邓小平所界定的国家经济现代性成功了，但执政党本身出现了问题。中共十八大以来，执政党通过大规模的反腐败运动，"去除"政党的商业性，通过确立新的使命和建设新的制度机制，规范党组织和党员干部的行为，来重新界定党的现代性。

在中共十九大会议期间，王岐山在参加湖南省代表团讨论时对党的十八大以来习近平的作为有一个评介。王岐山说，习近平

---

① 《习近平关于青少年和共青团工作论述摘编》，中共中央文献研究室编，中央文献出版社，2017年，第66页。

"从根本上扭转党的领导弱化、党的建设缺失、从严治党不力的状况……校正了党和国家前进的航向。"① 这个评介应当说是非常恰当的。十八大以来中国共产党正是在矫正"领导弱化、党的建设缺失、从严治党不力"的情况下重新界定和获取现代性的。党的十八大以来提出了"四个全面",即全面建成小康社会(后调整为"全面建设社会主义现代化国家")、全面深化改革、全面依法治国、全面从严治党。根据笔者的理解,在这"四个全面"中,最后一个"全面"即"全面从严治党"是最重要的。如前面所述,中国共产党是中国的政治主体。这一简单的事实表明,没有这最后一个"全面",其他三个"全面"就会无从谈起,因为前面三个"全面"都需要中国共产党这个行动主体去实现。如果我们把前面三个"全面"理解成中国的现代化过程,那么就很容易理解,如果没有中国共产党本身的现代化,其他方面的现代化也就无从谈起。

如前所述,在中国,"政党"的概念是近代从西方引入的,但引入之后其含义发生了重大的变化。在西方,政党是竞选的工具,此外并无其他功能。在中国,政党是政治行动的主体,而行动不仅仅是求生存和发展,而是引领国家各方面的发展。就是说,政党的现代性不是被变化着的环境所规定和界定的,恰恰相反,执政党要通过行动来主动规定自身的现代性,追求和获取自

---

① 《王岐山在参加党的十九大湖南省代表团讨论时强调,旗帜鲜明坚持党的领导,兑现对人民的庄严承诺》,新华网,2017年10月19日。

身的现代性。通过不断更新和规定其现代性，执政党才能在不断更新自身的同时保持引领社会发展的使命感。

现代性与政党的新使命

确立新时期的新使命是中国共产党追求现代性的关键。在大众民主时代，西方政党主要通过选票计算来获取其合法性。也就是说，社会决定了执政党的现代性，而非相反。在精英民主时代，西方也是通过精英之间的共识来执政的，普通老百姓没有选举权，决策都是精英的事情。但在进入"一人一票"的大众民主时代之后，政治精英就失去了决策的自主性。这里的逻辑其实也很简单，因为选票是社会成员给的，社会性决定了执政党的性质。这也就是前面所讨论的今天西方政党危机的根源，随波逐流，政党本身失去了自己的发展方向，政党不仅失去了自身的凝聚力，失去了整合社会的能力，反而演变成分化社会的政治力量。在中国，情况正相反。中国共产党的合法性是通过确立其使命、实现其使命来获取和实现的。换句话说，中国共产党的合法性来自其是否能够兑现向社会做出的承诺。这里的逻辑也很明显，即执政党不仅要有使命，更要有能力实现使命。

所以，在每一个重大时期，执政党领导层需要对社会经济发展现状做出一个基本判断，再在这个判断之上确立自己的新使命。中国共产党历次全国代表大会召开，最重要的议题就是要回答"从哪里来？""现在到哪里了？""未来往哪里去？"这些问题。中国共产党的十八大、十九大也是如此。回答这三个问题需要一个基本判断，而这个基本判断对执政党确立新使命是最重要的。只有有了这个基本判断，中国共产党才能确定新的使命和未来的发展方向。有了这些之后，才会有具体的行动方案，然后以政策的形式表现出来。

1949年，毛泽东领导的中国共产党完成了建立新中国这一近代以来最艰巨的任务。在新中国成立之后的30年里，一套国家基本政治制度得以建立起来。尽管改革开放之后，中国制度的方方面面发生了变化，但基本制度构架是毛泽东时代建立起来的。当然，这套基本政治制度在新时代仍然需要完善和改进。进入改革开放新时期后，1987年，中国共产党十三大提出了党在社会主义初级阶段的基本路线，这也是一个基本判断。1992年，邓小平在"南方谈话"后提出了"社会主义市场经济"的概念，这也是邓小平理论的重要内容。在党的十四大上，中国共产党再次强调"一个中心，两个基本点"这一党的基本路线要管一百年，动摇不得。

新时代，新判断，新使命。今天，中国发展到了另一个新时代。"新时代"不仅仅是一个名词，它是中国共产党基于中国社会经济发展水平达到一定阶段，但发展还不平衡不充分的现实，所做出的新的基本判断。十九大报告指出，中国特色社会主义进入新时代，中国社会主要矛盾已经转化为人民日益增长的美好生活需要和不平衡不充分的发展之间的矛盾。与此同时，中国社会主要矛盾的变化，没有改变中国共产党对中国社会主义所处历史阶段的判断,中国仍处于并将长期处于社会主义初级阶段的基本国情没有变,中国是世界最大发展中国家的国际地位没有变。

尽管中国改革开放以来取得了巨大的成就,但是执政党也看到了自己所处的时代和内外部的环境。社会主义不是"敲锣打鼓"就能干出来的。中国共产党领导层具有十分清醒的头脑,在充分肯定自身取得的成绩的基础之上,直面挑战并展望未来,对所面临的问题有着非常严肃和冷静的思考和判断。这也是党的十八大以来,执政党关切"两个一百年"的重要背景。

改革开放伊始,邓小平就规划了中国现代化发展的"三步走"战略。第一步,从1981年到1990年,国民生产总值翻一番,解决人民的温饱问题。这在20世纪80年代末已基本实现。第二步,1991年到20世纪末,国民生产总值较1980年翻两番,人民生活达到小康水平。第三步,到21世纪中叶,人均国民生产总值达到中等发达国家水平,基本实现现代化。邓小平强调,中国要在下个世纪中叶(也就是21世纪中叶)实现民主富强。此后,因为中国的加速度发展,以江泽民为核心的中央领导集体对20世纪80年代的规划做出了修订,提出到2021年中国共产党成立一百年时全面建成小康社会、到2049年中华人民共和国成立一百年时建成富强民主文明和谐的社会主义现代化国家这"两个一百年"计划。

十九大报告更描绘了走向未来的蓝图:从2017年的十九大到2022年的二十大,是"两个一百年"奋斗目标的历史交汇期。

十九大报告中，对从 2020 年到 2050 年这 30 年的现代化目标再做出两阶段具体规划：第一个阶段从 2020 年开始，在全面建成小康社会的基础上，再奋斗 15 年，基本实现社会主义现代化；而第二个阶段，从 2035 年到 21 世纪中叶，在基本实现现代化的基础上，再奋斗 15 年，把中国建成富强民主文明和谐美丽的社会主义现代化强国。这个将持续 30 年的新"两步走"规划，就是新时代中国特色社会主义发展的战略安排。

应当说，这幅蓝图的描绘就是基于上述基本判断。从这些年的政策讨论来看，中国的焦点已经从如何避免掉入中等收入陷阱转移到如何把国家提升为一个高收入经济体，即富裕社会。经初步核算，2021 年中国人均 GDP 已超过 12 000 美元。

不过，如果中国要从中等收入提升为高收入经济体，困难是显见的。在东亚，到现在为止，能够逃避中等收入陷阱、进入高收入水平的经济体只有五个，即日本和亚洲"四小龙"（韩国、新加坡、中国香港和中国台湾）。这五个经济体能够成为高收入经济体有其特殊的历史条件。首先，在这些经济体的成长时期，世界（主要是西方）经济处于快速上升时期，并且它们都属于西方式的经济体，西方对它们"照顾有加"，至少没有设置太大的市场进入障碍。其次，这些经济体的体量比较小。再次，这些经济体的政府能够形成有效的经济政策或者产业政策，成为学界所说的"发展型政府"。但中国今天的情况很不相同。其一，中国的经济体量巨大。日本是世界上第三大经济体，但今天中国的经济体量是日本的两倍还多。其二，世界经济形势不乐观。西方到现在为止还没有彻底走出自2008年世界金融危机以来的阴影。从西方经济现状看，要恢复正常增长仍然需要很长一段时间。因为中国和世界经济的高度融合，中国内部的发展必然受制于世界总体经济形势。其三，中国和美西方经济体之间经常因为各种因素（例如西方所谓的国家安全、意识形态和政治制度）而产生矛盾，西方不乐意对中国全面开放市场。因此，中美关系如何发展？第一大经济体和第二大经济体之间会不会发生战争？两国会不会最终进入冷战状态？这些都是人们非常关切的问题。

但是，较之这五个经济体，中国也有自身的优势。中国是个大陆型经济体，内部发展潜力巨大。以前日本经济学家提出了东亚经济发展的"雁形模式"，说的是东亚如何从日本开始实现经济起飞，然后扩展到其他经济体。日本是亚洲第一个实现现代化和经济起飞的经济体，之后随着日本内部劳动力成本的提高等，一些附加值低的产业开始转移到其他经济体，而日本本身转向附加值高的产业。亚洲"四小龙"继日本之后实现了经济起飞。之后，经济现代化扩散到马来西亚、菲律宾、泰国等国。中国是后来者。不过，中国内部本身就构成了一个"雁形模式"。直到今天，只有东部沿海地区经济基本实现了现代化，中部正在起飞，西部仍然有待开发。就技术而言，尽管外部环境并不明朗，但经过四十来年的发展，中国的技术也已经积累到了一个可以实现起飞的程度。总体而言，中国仍然是一个中等收入国家，还有很多穷人。这些都指向中国今后发展的巨大空间。同时，就外部而言，中国也在通过包括"一带一路"倡议在内的策略大力发展国际经济,开拓国际市场。也就是说,中国在今后一个阶段里有潜力逃避中等收入陷阱,把自己提升为高收入经济体。这也是中国最近提出"双循环"策略的理性所在。

更为重要的是,中国社会在满足了温饱、总体上实现小康的情况下,其他方面的需求,例如对美好环境、社会公平正义、政治参与等的需求,也在与日俱增,进而显现出中国经济和社会、经济和环境或者物质文明和精神文明之间的发展不平衡。这种不平衡性既是问题,也可以变成进步的动力。所以,十九大报告中提出要"更好推动人的全面发展、社会全面进步"。

不过,这里有一个前提条件,那就是存在一个有效政府。没有一个有效政府,就很难把这些潜能都发挥出来。而中国共产党的使命性就能够保证有效政府的存在。

开放性政治过程的制度理性化

开放性政党也表现在国家制度的理性化。党的十九大宣布中国会正式成立国家监察委员会。学界和政策界迄今为止大都从法律意义上来研究这一变化,而没有对这一变化的政治意义有足够的认识。不过,这的确是中国政治体制的一个重大变化。简单地说,中国正在形成一个"以党领政"构架的内部"三权"(决策权、执行权和监察权)分工合作的政治体制。这一变化可以说是近代以来中国对适合自己文化的政治体制探索的一个里程碑。在理论层面,内部三权体制的形成是中国共产党这一开放性政治过程的"制度理性化"。

三权分工合作的核心就是确立"以党领政",从而解决中国近代以来的一个核心政治问题,即党政关系。党政关系可以说是近代以来中国政治最为核心的问题。孙中山先生在早期试图把西方的议会制度引入中国,但西方式民主政治在中国的实践惨遭失败之后,孙中山先生就提出了"以党立国"和"以党治国"的概念。这一概念之后就转变成政治实践,国民党和共产党尽管在意识形态上不同,但都是这一概念的实践者。

从很大程度上说,正是因为共产党对这一概念的应用较国民党更为全面和彻底,所以共产党赢得了政权。但在1949年中华人民共和国成立之后,中国共产党没有及时从革命党转变成执政党,而是进行"继续革命",党政关系因此不仅没有得到及时调适,更走向了一个极端。在改革开放前,经常出现"党政不分""以党代政"的情况,在"文化大革命"的一段时期里更是干脆"废除"了政府。这种极端的情况不仅给顶层权力机构造成了混乱,也导致了国家治理危机。

"文革"结束之后,中国共产党高层对顶层体制进行了全方位的反思,其中最主要的就是党政关系。这显著表现在邓小平于1980年8月18日在政治局扩大会议上的一个题为"党和国家领导体制的改革"的讲话中。在这篇讲话中,邓小平提出了"党政不分、以党代政"的问题。之后,到了20世纪80年代中后期,在政治改革讨论最为热烈的那段时期,执政党提出了"党政分开"的改革理念。尽管作为一种理念,这个概念在当时被广为接受,但作为制度实践的情况则不一样了。包括邓小平在内的所有领导人从来就没有否定过共产党对政府的领导;恰恰相反,共产党的领导是他们一直坚持的。从学术研究来看,当时的中共领导人的确意识到"党政不分、以党代政"的危害性,决意要改变这种制度,但对党领导下的"党政关系"到底是一种什么样的关系并不很明确。在实践层面,"党政分开"更出现了很大困难,轻则党政合作协调不好,重则党政处于对立面,甚至发生冲突,造成巨大的内耗。80年代末之后,执政党就不再提这个概念。

但这个概念的影响力是持续的。90年代以来学术界和政策界的各种正式和非正式讨论,例如"军队的国家化""司法独立""宪政"这些被视为"右"的或者"自由化"的提法或多或少与"党政分开"有关联,因为所有类似提法背后的逻辑都是一样的,即把军队和党、司法和党、法律和党等分开来,甚至把两者对立起来。另一边,左派的反弹也很强烈,从他们的讨论来看,似乎中国应当回到改革开放之前的"党政不分、以党代政"体制。

不过,学术界和政策界左右两派的表述都没有反映中国政治体制的实际运作情况,更没有影响到执政党本身对党政关系体制的探索。基本上,这些年的探索是沿着邓小平所确定的大方向走的,执政党已经放弃了"党政分开"的概念,而形成了"党政分工"的共识。这很容易理解,因为中国是共产党领导的体制,在这个体制下,"党政分开"没有现实的可能性。不过,即使是"党政分工",把这个概念转化成制度实践也是一个"摸着石头过河"

的过程。现在，经过这么多年的实践，大制度构架已经明了，即"以党领政"。十九大报告和党章修改说明更是明确了中国共产党的领导权，即"党政军民学，东西南北中，党是领导一切的"。

那么，如何体现"以党领政"体制呢？从制度设计和实践趋向来看，就是要处理好内部三权，即决策权、执行权、监察权的分工、协调和合作。内部三权分工和合作体制是中国传统和现代政治体制的混合版。传统上，内部三权自汉朝开始一直是中国传统体制的最主要特征，在数千年历史中，不同朝代有所变化，但基本结构没有发生过变化。在近代，孙中山先生在中国传统中提取了"两权"，即考试权和监察权，并把西方的三权和中国传统的这两权结合在一起，塑造了一个"五权体制"，即立法、行政、司法、考试和监察。孙中山先生尽管强调"以党治国"，但其所设计的这个体制过多地受西方影响，并没有充分考量到执政党在这"五权"中的位置，并且对如何把考试和监察两权有机地与前面的西方三权整合起来也欠缺考量。当然，这也是因为孙中山先生没有很多机会来实践其设计的"五权体制"，他所说的"五权体制"更多是一种理论设计。从今天台湾地区的情况来说，"五权体制"在实践中很难运作。民主化一来，监察权和考试权很快就被边缘化，形同虚设。更为严重的是，因为缺失执政党的地位，台湾实际上形成了"双首长制"，即地区领导人和"行政院"，加上"立法院"的党争，民主化使得台湾当局长期处于不作为甚至瘫痪状态。

而今天中国的"三权体制"可以说是根据传统和现实进行的

制度创新或者再造。在党的十八大之前，如前面所讨论的，执政党所要解决的是"党政不分、以党代政"的问题。邓小平在讲话中就指出："着手解决党政不分、以党代政的问题。中央一部分主要领导干部不兼任政府职务，可以集中精力管党，管路线、方针、政策。这样做，有利于加强和改善中央的统一领导，有利于建立各级政府自上而下的强有力的工作系统，管好政府职权范围的工作。"① 这里邓小平强调的是"党政分工"，并没有"党政分开"的意思。党要管政治，管决策，即党的自身建设、路线、方针和政策等最重大的问题，而政府则是管执行，即行政。尽管党政分工和合作关系仍有很大改进空间，但中国共产党在这方面已经积累了不少经验。

党的十八大以来，尽管没有公开明确讨论党政关系，但在实践方面则取得了相当大的进展。可以从如下几个大方面来看。

首先，最重要的是"以党领政"即党的领导位置的"法理化"，厘清了党和政、党和军、党和法等的关系。在"基层"方面则表现为党在企业（包括国企和民企）、社团、基层农村等组织中的正式法理位置。一个简单明了的事实是，既然党从来没有离开过任何组织，到今天为止无所不在，那么就不能忽视党的存在。一个理性的做法就是给党一个法理上的领导位置。从这个角度来说，党便是"广义政府"的一部分。十九大报告和党章修正说明将党与其他组织和实体的关系说得非常明确，可以说涵盖了

---

① 《邓小平文选》（第二卷），人民出版社，1994年，第321页。

"以党领政"（党政关系）、"以党领经"（党和经济的关系）、"以党领社"（党和社团的关系）等方面。

其次，监察权的建设。党的十八大之前，纪律检查委员会和政府之间的关系没有理顺和处理好。纪检委属于党的机构，有足够的政治权力，但在执行过程中没有足够的法理依据（例如对党政干部的"双规"）。同时，设置在政府（国务院）的监察部既没有足够的权力又缺少独立性，很难对政府实施有效的监督，往往是"左手"监管"右手"。党的十八大之后，在北京、浙江和山西等地试点实行了国家监察委员会制度，通过整合党政这两方面的组织，重建监察权。国家监察委员会从属于最高权力机关即全国人大，但独立于执行机关即国务院，在内部是独立的一级权力，这就类似孙中山先生所设计的"五权"中的一权。

再次，更为重要的是"大法治概念"的确立。十八届四中全会确立的"法治"改革中的"法治"并非学术界所讨论的狭义法治概念，即立法和司法领域的概念，而是广义法治概念，因为其适用范围更为广泛，包括执政党本身在内的所有组织机构和个人。"大法治"极其重要，因为法要调节内部三权之间的关系。

目前，"以党领政"体制下的三权分工、协调和合作制度构架已基本确定。可以预见，在今后相当长的时期，如果不发生激进民主化运动或者革命，中国政治制度的改革、调整和调适都会在这个构架内进行。或者说，这三权的分工和合作构成了中国未来改革的宏观制度背景。

很显然，这三者之间的关系，除了"以党领政"原则得到确立和体现之外，还有很多地方需要改进。例如，现在的执行权往往被"三明治"化，受决策和监察两权的制衡过多。一方面是决策权向行政权渗透，另一方面是监察权对行政权的监管。这种"三明治"化的情形往往导致了执行（官僚）权的"不作为"。又如，监察权得到确立和扩张，但监察权本身如何得到制约呢？如何防止监察权的滥用呢？再如，监察权和决策权之间的关系又是如何呢？诸如此类的问题既是理论问题，也是实践问题。不过，这些问题的存在也表明，中国政治体制仍然存在着巨大的创新和发展空间。党的十九大后成立的中央全面依法治国委员会是推进大法治的主体领导组织，需要回答这些问题。

一个国家崛起的核心就是制度崛起，而外部崛起只是内部崛起的延伸而已。制度是人类文明的积累。对任何国家尤其是发展中国家来说，制度建设是一切，所有其他方面的进步必须以制度的进步来加以衡量。尽管制度是人确立的，但制度比人更可靠；从历史来看，制度更是人们衡量政治人物政治遗产的最重要标准。

自从中国近代以来传统皇权制度被西方一而再、再而三地打败，中国的数代精英一直在寻找适合中国现实的制度建设。从晚清到孙中山，再到国民党，其间经历了诸多失败。1949年中华人民共和国成立之后，中国才开始了没有外力干预的内部制度建设。新中国开国领袖们的政治功劳不仅仅在于统一了国家，更在于确立了中国政治制度的基本构架。尤其是改革开放之后，制度进步尤为显著。在改革开放之前，各种社会政治运动对国家制度造成了巨大的冲击和破坏。因此，中国第二代领导集体把制度建设置于头等重要的位置。今天我们所看到的很多制度都是在那时确立起来的。到现在为止，人们可以讨论如何改革或者改进这些制度，但没有人可以轻易否定和取消这些制度。这些制度一旦被党政官员和大众接受，便具有了自我生存的能力。

到了20世纪90年代，中国在制度建设上又有了很大进步。为了加入世界贸易组织等，中国实行了"接轨"改革，即改革自身的制度，以便和国际标准接轨。尤其在经济方面，整个社会主义市场经济的制度构架就是在这个时期确立的。同时，在政治上，1997年召开的中共十五大，把"法治"写入党和政府的文件，并把"法治"确立为政治制度建设的目标。

尽管党的十八大以来外界关切的焦点在于中国轰轰烈烈的反腐败运动和经济新常态，但如果站在未来的立场来看，十八大以来最主要的进步也在制度层面。甚至可以说，无论是大规模的反腐败运动还是经济新常态，都为其他方面的制度建设提供了一个环境和条件。当GDP主义盛行的时候，制度建设很难被提上议事日程；同样，当腐败盛行的时候，政治体制和执政党本身的体制建设也很难被提上议事日程。

十八大以来的制度进步并不表明中国的制度建设已经完成了。在任何国家，制度建设永远不会终结。如果有了"历史终结"的观点，那么就是制度衰败的开始。西方是这样，中国也是这样。正因为如此，十九大在此前的基础上，明确了未来制度发展的方向、目标和路径。十九大后成立了中央全面依法治国委员会。"依法治国"是十八届四中全会的主题，是中国最大的政治改革方案。毋庸置疑，成立中央全面依法治国委员会的目的就是推进中国的全面制度建设。可以预见，到中华人民共和国成立一百周年时，一个以法治为中心的新型中国政治制度或者中国模式必将屹立在世界的东方。

第五章

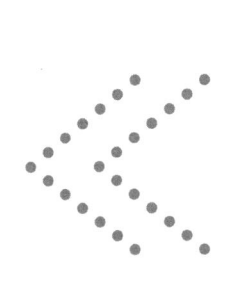

西方之乱与中国之治的制度根源

西方之乱与中国之治

当代东西方世界的一个显著对比便是西方世界的"乱"与东方中国的"治"。西方世界的一个普遍现象便是民粹主义泛滥与基于民粹主义的社会运动的崛起，动摇着西方社会稳定的基础。这种现象在一直被视为西方民主典型的英美两国尤其严峻。新冠肺炎疫情更是对各国治理制度的一场大考。英美等民主国家纷纷败下阵来，并且考验还延伸到非西方的民主国家，尤其是印度。更为严重的是，正如历史上一而再、再而三地发生的，西方民粹主义已经外化为国际政治舞台上的民族主义外交政策。西方各国执政主体在无法消解内部矛盾的时候往往把内部矛盾外部化，从而恶化国际环境，动摇着二战以来的世界秩序。这次以美国为首的西方世界把矛头指向中国，也恶化着中国的外部环境。

另一方面，东方的中国表现为"治"。改革开放以来，中国同时实现了经济和社会的可持续发展。中国之治尤其表现在政府应对危机管理上，包括1997—1998年亚洲金融危机和2007—2008年全球金融危机，对新冠肺炎疫情的治理更是令人刮目相看。中国政府通过巨大的努力很快控制了疫情，进而使社会复工复产。2020年，中国是唯一一个实现经济正增长的世界主要经济体。在内部稳定下来之后，中国开始向世界各国提供它们所需要的医疗物资，到笔者写稿时，中国持续向200多个国家和组织提供着医疗物资。中国也是第一个向世界承诺把新冠疫苗作为"国际公共品"提供的国家。同时，中国也是为世界经济的稳定和增长、为世界的扶贫事业做出最大贡献的经济体。

那么，为什么西方和中国有如此不同的表现？简单地说，中西方各自表现的背后就是中西方不同的制度体系。西方之乱是其制度之乱，中国之治是其制度之治。也正因为如此，西方这些年越来越把批评攻击中国的重点放在中国的制度上。这种无端和毫无理性的批评与攻击从另外一个侧面反映了西方政治人物乃至民众对西方制度体系的信心危机。的确，西方自己的各种民调已经表明，大多数西方民众相信对西方民主构成最大威胁的便是西方本身，而非中国。另一方面，各种民调也显示，中国民众对中国制度的信心大大增强。

西方之乱和中国之治的制度根源可以从宏观与微观两个方面来透视。从宏观上说，制度根源表现为经济发展与社会发展是否能够实现均衡。任何一个社会如果要实现经济的可持续发展，就必须同时实现社会的可持续发展及发展之上的可持续稳定。一旦经济和社会两者的发展失衡，那么不仅社会稳定的基础会遭到破坏，遭到破坏的社会还会反过来影响经济的可持续发展。从这一角度看，西方之乱的根源在于经济和社会发展的失衡，而中国之治的根源在于实现了经济与社会发展的均衡。

从微观层面看,制度根源在于一个国家是否存在一个强健的政治主体,即执政主体。任何一个社会都必须存在一个政治主体,这个政治主体在最低限度上维持法律秩序("守夜人")、提供最低限度的社会服务和应付各种危机(尤其是没有预见到的突发危机),在最高限度上促进和维护国家的统一、统筹,主导国家的发展,增进人民的福祉。政治主体表现为各种形式,包括执政集团、政党或者社会阶层等。一个政治主体是否强健,取决于这个政治主体代表谁的利益、是否有意愿来实现经济和社会之间的均衡、是否有能力实现这种均衡。从这个角度看,西方之乱表现为政治主体的衰败,而中国之治则表现为一个强健的政治主体有意愿、有能力实现经济与社会的均衡发展。

西方：自由主义秩序的衰退与西方之乱

一句话，今天西方国家普遍面临的危机便是二战之后建立的基于工业经济的自由主义民主制度的衰落。曾经担任过联合国助理秘书长的哈佛大学肯尼迪政府学院教授约翰·鲁杰把这套制度称为"嵌入式自由主义"。这套体制把民主社会主义模式（福利国家体制）的阶级大妥协、需求侧的国家干预角色、金融监管与资本管制，以及自由贸易体制四者结合成为一个有机的整体，为战后西方国家的经济复兴与持续繁荣奠定了坚实的基础。虽然因为二战之后东西方出现了冷战的局面，这套体制与战后国际安全秩序重建并不完全对接，其出发点主要是照顾西方集团核心成员及其外围成员（主要是美国的非西方盟友）的利益，而当时的苏联集团则自己组成社会主义国家的经济互助组织，但客观地说，美国领导创设的这套体制的确在世界经济体系内发挥了主导作用，为战后的国际和平提供了一个有利的结构性条件。

"嵌入式自由主义"的概念指向了战后自由国际秩序的关键配套设计，就是要通过国内的经济社会制度安排，来有效管控和驾驭马克思早已经发现的资本主义必然带来的经济不稳定，并节制其破坏性与掠夺性倾向，让多数社会群体的生存与发展机会得到合理保障，以维护社会可持续发展，并且为战后美国建立自由主义国际秩序奠定牢固的社会基础，也就是国际自由经济秩序的国内合法性基础。

二战后持续35年的"嵌入式自由主义"体制得到西方发达国家政治精英的青睐，有其特殊的历史条件。在此之前，西方国家吸取经济大萧条的惨痛教训，古典主义经济学被西方国家政治精英彻底扬弃。新古典主义经济学深信自由市场的配置效率，坚信市场可达成自动充分就业的总体均衡，这些核心假设饱受质疑，而主张政府积极利用财政货币政策调节经济周期，以及从需求侧选择性干预价格形成机制的凯恩斯主义经济学登上历史舞台，并在后来的半个世纪里成为西方国家普遍奉行的主流宏观经济思想。从美国1932年罗斯福总统上台执政推行"新政"开始，接着瑞典与德国政府也采取凯恩斯的政策建议，英国也出现如何有效对抗经济大萧条的政策大辩论，在越来越多的西方国家实践中，凯恩斯经济学让剧烈的经济周期波动与大规模金融危机反复出现的问题得到相当程度的控制。在这个意义上，凯恩斯经济学成为战后西方国家采取的"嵌入式自由主义"的指导思想。

"嵌入式自由主义"的政治功能，就是维持西方社会各阶层在实现各种形式的民主社会主义模式下达成阶级共存共荣的妥协，以预防激进左翼政治势力的崛起，并有效对抗当时苏联模式的蔓延。在"嵌入式自由主义"体制下，资本家被迫接受"管制资本主义"，国家通过市场监管、反垄断、劳动立法、金融国有化、高级距的累进税制，以及财政转移支付等机制，遏制资本主义对社会的破坏作用与对弱势群体的掠夺倾向，修正了资本拥有者与出卖劳动力的劳动者在市场中进行不对等交换所必然导致的财富与收入两极化倾向，并通过严格的资本管制与金融压制大幅度削弱了资本家最重要的结构性权力，即资本流动。在资本无法自由跨境移动转移最大利润回报的条件下，西方国家得以维持阶级间权力关系的长期平衡与稳定。

更重要的是，"嵌入式自由主义"为战后美国主导的自由国际经济秩序提供了稳固的社会支持基础。通过国家主导的补偿与辅助机制，让开放经济体系下的潜在利益受损者得到适当的救助与保护；同时，通过教育、工作培训、医疗保障、完善的基础设施与公共服务普及，让更多的市场参与者能够适应国际市场竞争，发掘新的市场机会。"嵌入式自由主义"体制有助于西方社会维持经济体系的开放性，形成牢固的跨阶级、跨地域与超越左右政治竞争的社会共识，也有利于使西方经济快速重建与振兴的开放贸易体系的确立。

但是，今非昔比。今天，"嵌入式自由主义"正经历着二战以来最为严峻的挑战。

经济与社会的"脱嵌"

在很大程度上，西方自由主义的衰落是必然的。这在很大程度上应当归咎于自20世纪80年代开始兴盛的新自由主义经济学。新自由主义破坏了传统嵌入式自由主义的基础,导致了自由主义和内外部实践与制度安排的"脱嵌"。

20世纪80年代,英国和美国相继发生了撒切尔革命和里根革命,即人们所说的"新自由主义革命"。撒切尔革命和里根革命具有一些共同的特点:减税、私有化、放松经济管制(尤其是对资本主导的金融业)、削弱市民社会、限制和弱化工会、削减福利等等。不过,新自由主义就其本质来说并不自由,因为新自由主义的目标和价值需要通过一个强政府(甚至政府强权)加以实现。为了强化内部民众的支持,两国对外实行更为强硬的政策。英国因此和阿根廷发生了马岛战争,而美国则把针对苏联的冷战引向了一个高峰(即最后的决战)。

人们之所以把撒切尔革命和里根革命称为"新自由主义革命",就是因为两者的理论基础是此前发展起来的新自由主义经济学。从理论上说,新自由主义是对战后凯恩斯主义经济学的回应甚至反动。二战之后,英国开始了长达30年的凯恩斯主义共识,无论是工党还是保守党,执行的都是凯恩斯主义经济学。如上所说,凯恩斯主义也是当时西方各国的"共识"。在凯恩斯经济学的指引下,西方各国的公共部门(国有企业)和社会福利大为扩张,政府在经济生活中的作用日益强化,官僚机构急剧扩大。所有这些因素,加上1973年的石油危机,造成了西方国家20世纪70年代经济的严重滞胀。

经济滞胀导致了西方世界对凯恩斯主义的不满,新自由主义脱颖而出，取凯恩斯主义而代之。新自由主义具有不同的学派，但主要的思想基础来自人们所说的"芝加哥学派"，主要经济学家包括哈耶克和米尔顿·弗里德曼。新自由主义从一开始就是对以下两种趋势的回应。首先是对苏联和苏联集团计划经济的回应。苏联式计划经济模式产生之后，西方动用了巨大的人财物力来批判和围堵。这些努力也是西方更早些时候批判和围堵马克思主义的继续。其次是对英国和其他欧洲国家的社会主义趋势的回应。尽管西欧社会主义和苏联计划经济不同，但因为凯恩斯主义并不否定政府需要对经济有一定的计划性，新自由主义也因此把凯恩斯主义视为自由主义的敌人。这两方面的担忧充分反映在哈耶克的《通往奴役之路》一书上，这部著作一直被视为西方自由主义经济学的"圣经"。

新自由主义从反对政府的经济角色开始，最终演变成市场原教旨主义。西方自20世纪80年代之后的30多年可以说是达成了"新自由主义共识"，或者说"华盛顿共识"。在2008年全球金融危机爆发之前，新自由主义畅行无阻，风行全球。但新自由主义造就了今天西方所面临的一系列危机。西方今天面临着三重危机：一是经济危机（滞胀、就业不足、投资疲软等）和经济学危机（经济学没有任何解释能力和预测能力，和现实经济毫不相关）；二是急剧恶化的收入不公平和财富越来越集中在顶端极少数人手中；三是民主政治被强大的经济精英"俘获"，成为他们追求私利的工具。

中产阶层的萎缩和社会的大分化

收入和财富差异的急剧扩大是西方社会的普遍现象。这些年来,西方在这方面的研究可说已经汗牛充栋。不管以什么样的指标来衡量都可以得出同样的结论,包括穷人和富人之间的差异、社会1%的富人所拥有的财富和99%的人口所拥有的财富、中产阶层规模的迅速缩小等。自然,这种差异不仅表现在一个国家的不同社会群体之间,也表现在国家之间,包括西方和非西方、穷国和富国、北方和南方之间等。

从历史来看,资本主义从其开始到今天具有同样的本质,即谋利。或者说,谋利是资本主义的常态,并且这也被视为人类经济进步的动力。不过,资本主义在为人类创造巨量财富的同时也造成了人类极端的不平等。英国作家狄更斯和法国作家雨果描述了资本主义所创造的"苦难世界",而马克思则从理论上分析了那个时代的原始资本主义状况。很容易理解,资本主义导致了欧洲社会主义运动的兴起,社会主义运动就是资本力量和社会力量之间的一场较量。

在欧洲,社会主义运动出现了两个分支。一支为苏俄革命,发生在比较落后的国家,其理论基础是马克思主义,认为私有制是人类苦难的根源,因此社会正义要从消灭私有制开始。苏俄革命者希望通过俄国与资本主义的链条脱钩,实行国家资本主义和计划经济。另一支为西欧的道路,发生在比较发达的国家,这一支试图通过社会福利政策来保障劳工的利益。一战和二战期间又形成了凯恩斯主义，开始强调政府的经济角色，以此弥补市场的失败。在20世纪70年代之前，凯恩斯主义功不可没，造就了西方全面的福利社会。自二战到80年代初，西方国家的政府和市场同时发挥了有效作用，在实现经济可持续增长的同时做强做大了中产阶层，包括美国在内的大多数西方国家的中产阶层达到70%左右。这个70%的中产阶层便成为西方社会的政治主体。不同政党，无论左右，如果要执政，都必须考虑到这70%的中产阶层的利益。也就是说，一个庞大的中产阶层的存在避免了西方民粹主义政治，避免了西方政党的激进化。

由于对凯恩斯主义的反动，新自由主义走向了另一个极端，即市场原教旨主义。这是西方资本主义的一大转变。正如我们在前面所分析的，西方战后资本主义是政府管制下的资本主义。英美在与法西斯主义的竞争中取得完全胜利，并不是因为它们是自由主义国家，而是因为它们通过大规模监督与规制经济活动，设法动员它们的资本经济生产能力，以达到集体的目标。同样，二战之后的资本主义是国家管理下的资本主义，是国家掌控资本。但在新自由主义运动之下，政府和资本的关系演变成了自由资本主义掌控社会。一个典型的现象是：资本一方面造就了哈佛大学经济学教授罗德里克所说的"超级全球化"，创造了巨量的财富，另一方面导致了极端的贫富不均和社会的极端分化，从而破坏了西方民主的社会基础。新自由主义经济政策助力资本造就超级全球化，在超级全球化下，资本、技术和人才在全球范围内获得了前所未有的自由流动权利，全球范围内的资源自由配置创造了巨量的财富。美国是这波超级全球化的最大获益者。但是，西方社会内部出现问题了。由超级全球化所创造的巨量财富被有能力参与并操控这波全球化的绝少数人掌控，而大多数人不仅没有获得财富，反而成为牺牲品。财富不均和社会分化前所未有，美国社会从以往的中产社会迅速演变成为富豪社会。中产阶层萎缩和富豪社会便成为民粹主义崛起的社会根源。

正如马克思时代的原始资本主义引发了社会主义运动，我们很容易理解市场原教旨主义为什么会触发意在实现社会公平的新一波社会革命。今天，在西方，无论政界还是学界，人们对社会革命的目标并不明确，而各国政府也没有解决引发社会革命问题的有效方案。美国在奥巴马政府期间有走向欧洲版社会主义的趋势，主要是想通过增加底层民众的福利来解决，表现在其医疗改革上。但在金融领域，奥巴马政府需要金融资本来创造财富，政府因此仍然服务于金融资本，放松了在这个领域的管制。特朗普政府可说是对奥巴马政府的反动。尽管特朗普通过民粹主义运动上台，但其仍然代表大资产阶级的利益。特朗普的政策并没有能够解决美国的问题；相反，在其任内，包括种族问题在内的诸多问题恶化，造成更大的内部问题。在欧洲，福利社会已经高度制度化，很难动摇，只能继续走福利主义路线。在较小和发达的北欧国家，新版本的福利主义已经浮上台面，即普遍性工资制度。较大国家如法国、德国和英国则面临巨大困局：昂贵的福利难以为继，但如法国黄背心运动所示，削减福利或者损坏福利的政策又不得人心。

在越来越强大的资本面前，西方民主显得无能为力。资本对自己的力量运用自如，控制选举、操纵媒体舆论，甚至走上政治舞台亲自执政。社交媒体的出现和广泛使用从表面上看赋权平民，使得一些"政治局外人"有了执掌政权的可能性，但实际上又怎样呢？一些局外人从反建制开始，一旦进入建制，就成为建制的一部分，继续为建制服务；而另外一些局外人执政之后依然是局外人，在强大的资本和建制面前显得软弱不堪，他们可以轰轰烈烈地上台掌权，但避免不了无奈地下台。

政治和经济所造成的分离状态可说是西方资本的理想。在西方，从中世纪的宗教专制和近代君主专制到近代民主的转型，资本是主体，没有资本的力量，很难有现代西方民主。但资本也为自己构建了一个牢不可破的神话，即经济力量对政治力量所构成的制衡是西方民主的基础。在近代以来的很长一段时间里，或许是这样，但今天的情况则已经走向了另一个极端，即民主对资本无能为力。

民主演变为民粹

今天，西方的治理危机与民主政治密切相关，甚至可以说是西方民主政治的直接产物。在过去的数十年里，西方世界呈现出一个令人费解的矛盾现象，即政治上越来越民主，但经济上越来越不民主。政治上，自20世纪70年代开始，随着民权运动的崛起，西方开始实行"一人一票"民主，迄今为止，"一人一票"

成为西方民主最坚实的合法性基础,这也是所有民主人士的理想。但经济上又如何呢?经济民主意味着经济上更加平等。西方的左派(政治自由派)也一直期望通过政治上的"一人一票"来实现经济民主。但从经验来看,西方经济已经和人们的期待背道而驰,即变得越来越不平等。在西方,人们给出的唯一解释就是民主政治已经被经济精英俘获,他们把"一人一票"转化成"一元一票"了。然而,真正的原因就是我们前面所说的经济制度与社会制度之间的"脱嵌"。

经济与社会之间的这种矛盾已经导致西方民主新一波的危机,即从民主演变为民粹。无论是欧洲还是北美,主要民主国家都面临高涨的民粹主义。各种政党都在借助政治极端化急剧扩展它们的社会基础。在英国,脱欧公投的成功表明政治精英失去了共识,而把如此重要的决策交给并不了解事情的大众。这一方面意味着传统代议民主向直接民主的转型,另一方面也意味着政治精英政治责任感的消失。围绕着如何脱欧的政治纷争更加深着英国各方面的危机。更重要的是,被视为自由主义核心的美国成了西方民粹主义的重镇。特朗普成为总统之后从来没有停止批评和攻击被视为自由民主基础的自由媒体、法院和执法机构。东欧国家,尤其是匈牙利和波兰的政治人物对新生的民主不那么感兴趣。尽管这些国家还维持民主的表象(即选举),但越来越多的政治人物,尤其是借助民粹主义而崛起的政治局外人,意识到民主不能解决国家所面临的问题和应付危机,从而转向权威主义政治。

执政主体的衰落

民粹政治加速了西方精英政治的衰落,从而使执政主体(政党)衰落,这种衰落直接表现为统治集团的衰落。正如第四章所论述的,今天西方的统治集团至少表现为如下几类:第一,庸人政治;第二,传统类型的"出类拔萃之辈"正在失去参与政治事务的动机;第三,取代传统"出类拔萃之辈"的便是现代社会运动型或者民粹型政治人物;第四,强人或者强势政治的回归。

中国：共产党的制度创新与中国之治

什么是"中国之治"？如前所述，"中国之治"指的是过去 40 年中国同时实现了三个"可持续"。第一，中国实现了可持续的经济发展。第二，中国实现了可持续的社会稳定。第三，中国实现了可持续的政治制度支撑和领导。这三个"可持续"互相依赖，缺一不可。同时实现这三个"可持续"的，在世界范围内看，除了少数发达国家，中国是唯一的大国。

经济和社会的包容式或者嵌入式发展

经济发展的可持续不言而喻。20 世纪 80 年代之前，中国还是那么贫穷的国家，现在已是世界第二大经济体；同样，20 世纪 80 年代，中国还是一个非常封闭的国家，现在是世界上最大的货物贸易国；20 世纪 80 年代初，中国人均 GDP 不到 300 美元，但 2021 年中国人均 GDP 达到 12 000 美元以上，中等收入群体也达到 4 亿人口。这些都是可持续经济发展的结果。同样重要的是，过去40多年，世界经历了1997—1998年亚洲金融危机和2008年世界金融危机，但中国都能有效应对，没有受大的影响，成为世界经济的稳定力量。

和其他所有大国比较，中国在实现经济可持续发展的同时也实现了社会的可持续稳定。尽管时常有些不稳定因素出现，但中国没有出现大规模的社会动荡，没有出现泰国或者像今天的美国那样的社会不稳定。少数民族地区，主要是新疆，虽然前些年也出现过极端主义和恐怖主义活动，但没有动摇稳定的大局。

为什么中国能够实现可持续的经济发展和可持续的社会稳定？如果说西方的新自由主义造成了经济与社会的"脱嵌"，那么中国则实现了经济和社会的"嵌入式"发展。当代西方社会现象表明，经济发展不一定会导致社会稳定。法国作家托克维尔的书《旧制度与大革命》提出了"托克维尔悖论"，即革命的发生并非总因为人们的处境越来越坏。不发展一定会贫穷，但如果在发展过程中把握不好，社会也会出现不稳定。托克维尔理解的法国大革命就是经济发展的产物。在马克思时代，欧洲出现了轰轰烈烈的社会主义革命，当时欧洲的原始资本主义也促进了经济大发展，但社会是不稳定的。

西方国家的一些人总是认为中国是"警察国家"，是靠政治控制才实现社会稳定的。但问题是，中国是西方所说的"警察社会"吗？是西方所说的那种集权社会吗？如果中国是警察国家或者集权社会，那如何解释中国的经济发展呢？西方理论普遍认为发展是自由的产物，集权社会是经济发展的制度障碍。诺贝尔经济学奖获得者、印度经济学家阿马蒂亚·森就把"自由"和"发展"等同起来。的确，如果要实现经济发展，一定要给老百姓至少是经济上的自由，没有自由就发展不起来。那么，中国发展起来了，到底是政府控制的结果，还是社会自由的结果呢？

道理很简单。如前面所分析的，西方的新自由主义导致了资本主导社会的发展，从而出现了经济和社会的"脱嵌"。中国实现经济可持续发展和社会可持续稳定，主要是因为经济和社会能够均衡发展。经济和社会的均衡发展是各种自由的结构性保障，没有这种结构性保障，任何形式的自由都无从谈起。

也就是说，中国的发展是包容式和嵌入式的。包容式或者嵌入式发展就是邓小平提出来的"一部分人先富裕起来、一部分地区先富裕起来"，之后实现共同富裕。为了改变以前普遍贫穷的状态，就必须让一部分人和一部分地区先富裕起来，但这并不妨碍更多的人和地区富裕起来，最终实现全面富裕。中国的中等收入群体在不断增加，贫困人口在不断减少。衡量一个社会是不是发展，不一定要看这个社会培养了多少富人，更重要的是看这个社会减少了多少穷人。中国在过去 40 多年里让 8 亿多人口脱贫，十八大以后就有 1 亿多人口脱贫，这是世界奇迹。中外经济学家普遍承认，过去 40 年的世界扶贫事业，大部分是中国贡献的，印度也贡献了一点。撒哈拉沙漠以南的一些非洲国家不仅没有脱离贫困，反而变得更贫困。在这方面，哪怕是和美国相比，中国的变化也是惊人的。美国今天的铁锈地带在 20 世纪 80 年代以前是多么辉煌，尽管美国在过去 40 年里也实现了可持续的经济发展,但为什么出现铁锈地带的快速衰败呢?

中国的包容式或者嵌入式发展并非市场经济单一因素所造成的,而是中国的制度优势决定的。中国的扶贫模式是任何其他社会都做不来的。大国如美国和印度,都无法理解中国的跨区域对口帮扶政策,中央政府怎么能有权力把广东、浙江和上海的财富拿去帮助贵州、新疆、西藏?很难想象印度的一个邦去帮助另外一个邦,美国的一个州去帮助另外一个州。

市场经济导致社会分化,这具有普遍性。在中国,市场经济也造成了诸多社会问题,但关键是中国具有诸多制度优势来化解市场经济造成的社会问题。用今天的话来说就是,市场经济的发展要让老百姓有获得感,有了获得感,社会就稳定了。

中国的经济制度优势

促成中国同时实现经济可持续发展和社会可持续稳定的便是中国共产党所从事的制度创新。从西方的角度看,中国的制度体系根本没有变化,因为中国并没有西方所定义的改革,即经济自由化和政治民主化。但如果从中国传统的现代化角度看,今天的中国已经实现了基本国家制度的现代化,包括经济制度和政治制度的现代化。

邓小平把中国的经济制度称为"社会主义市场经济",这是非常确切和科学的。这个社会主义市场经济体制具体表现为"三层资本"或者"三层市场"的混合经济体。前文已经说到,中国的经济体系至少从汉朝开始到今天一直具有三层资本，顶层是国有资本，底层是庞大的以中小微企业为主体的民营资本。相应地，中国也形成了三层市场。国有资本、民营资本和中间层相对均衡的时候，中国经济就会稳定地实现可持续发展。一旦国家处于完全主导地位，市场消失了，或者完全由市场发挥作用，政府不能作为，那么中国经济就会出现重大问题。改革开放以来，中国面对1997年亚洲金融危机和2008年世界金融危机都能有效应对，这和混合经济体制有很大关系。

近代以来，西方的政治和经济分开，政治不能干预经济。如前面所分析，这导致了今天西方的问题，在崇尚新自由主义经济学的英美，问题尤其严峻。与之比较，按照中国传统经济哲学，经济管理是政府责任的一部分，包括大河大江的治理、救灾、基础设施建设，都是国家的责任。中国共产党则更进一步，不仅把经济管理当作政府的责任，也把经济发展当作政府的责任。包括日本和亚洲"四小龙"在内的东亚文化圈经济体为什么能逃避中等收入陷阱成为发达经济体？这和政府的经济职责分不开。

改革开放以来，中国走发展市场经济的道路，但拒绝了效仿美国的制度。资本过于主导这条路在中国走不通。今天的美国和欧洲，新自由主义彻底否定了凯恩斯主义。但如前面所分析的，从1945年到20世纪80年代，在凯恩斯主义的干预下，西方的中产阶层比例达到了人口的70%。凯恩斯主义是有功劳的，因为它促成了政府和市场同时发挥作用。今天的中国也是政府和市场同时发挥作用。西方干预经济实际上只有两个工具——税收和货币。当国家债务过大时，税收政策就不起作用；当利率趋于零的时候，货币政策也不会起作用。所以美国和其他很多西方国家今天完全靠量化宽松来稳定经济。但量化宽松并不能解决问题，只是把问题推后了。中国除了财政和金融货币两个方法以外，还有庞大的国有企业。在危机出现的时候，国企发挥了"保底"的作用；在平时，国企扮演着"平准（市场）经济"的作用；而在一些领域，国企便是举国体制的有效工具。尽管中国的三层资本混合经济体制仍然有很多可改善的空间，但从长远来看，中国的这种经济制度肯定会比西方资本主导的经济制度更有效。

中国的政治体制优势

与社会主义市场经济体制相适应，中国在政治上也形成了中国共产党领导下的三权分工合作体制。今天，大部分人学了西方的"三权分立"制度之后会觉得很难理解中国的政治制度，但这只是意味着西方理论不能解释中国罢了。如果西方的政治制度叫"三权分立"，那中国的政治制度就是"三权分工合作"。中国的三权是决策权、执行权和监察权。西方的三权和中国的三权逻辑不一样，西方的三权分立，要靠宪政和法律来整合，经常导致政府的瘫痪；中国的三权是根据时间段先决策，再执行，最后去监察，形成一种效率政府。中国的三权分工合作体制属于德国社会学家马克斯·韦伯所说的制度理性化和官僚理性化。

和三层资本体制一样，中国的三权分工制度也存在两千多年了，不能简单地说这个制度落后，一个制度存在了那么久，自有它本身的合理性。十九大以前和十九大以后的监察权不一样，以前中国有监察部，但这个部是国务院下属部委，现在的监察委和国务院是平衡的。应当指出的是，决策权、执行权、监察权这三权都是共产党领导权的一部分，中国共产党把领导权分为三部分，分工合作，非常有效。

不过，"三权分工合作"体制也有改进空间。从历史来看，监察权很重要，它是自我革命、防止腐败、清廉政府的有效机制，但监察权的边界要设计好。汉朝刚刚引入监察权时，太多的事项都被纳入了监察范围，结果导致了行政权很难作为的局面。过度监察形成了历史学家钱穆先生所说的，如果监察系统为了监察而监察，就变成了"内部反对党"。汉朝后来总结经验教训，规定只有几个主要领域才被监察，其他的就不属于监察范围了，这个制度才变得有效。此外，中国在决策权如何在分权与集权之间做到平衡、执行权如何更加有效等领域，依然还有诸多改善空间。

中国共产党为什么能？

一个更为基本的问题是，为什么中国共产党能实现这些制度创新？简单地说，中国共产党通过创新促成了国家基本制度的现代化，同时实现了经济的可持续发展和社会的可持续稳定；但更为重要的是，中国共产党是中国的政治主体，不仅要与时俱进，随社会经济的变化而变化，还要领导这种变化，否则只能被动反应。也就是说，中国共产党如果要引领国家制度现代化，首先必须实现自身的现代化。中国共产党自身的现代化便是国家现代化的前提条件。

那么，中国共产党为什么能够实现自身的现代化？

第一，中国共产党是一个使命型政党。共产党革命和农民革命最简单的区别是，农民革命追求改朝换代和掌握政权，共产党革命完全不同，中国共产党从一开始就不是为了掌握政权而成立，而是有特殊使命——追求中国的现代化。到今天为止，共产党走过了一百年的道路，每一个阶段的使命都非常明确。毛泽东时代就是追求革命，要建设一个和传统中国完全不同的国家。晚清政府学日本君主立宪已经太晚了，孙中山想学西方的议会制度和总统制度也都失败了，共产党革命是最彻底的。

中国共产党在每一个阶段都有新使命，为了实现使命而执政。毛泽东时代追求革命，邓小平时代追求发展，而中国共产党第二个百年的新使命将是追求共同富裕。西方政党不一样，西方政党的"使命"是获取选票。中国共产党的使命就是兑现它向老百姓所做的承诺。中国共产党有很多规划，包括五年规划、十年规划等，十九大提出的"三步走"等。这些蓝图之所以重要，是因为它们直接反映了共产党的使命。表面上，西方社会很重视民意，因为民意影响选票，但实际上中国共产党对民意的强调比西方有过之而无不及，因为所有这些使命都是人民意愿的直接反映。

第二，中国共产党是一个开放型政党。西方基于多党制的政治制度可以称为"外部多元制度"。中国共产党是唯一的执政党，但一党执政远非西方所说的"一党专制"。共产党本身是开放的，所持的是开放的政党制度，这种基于开放政党制度的政治制度可以称为"内部多元主义"。首先，所有类型的社会精英或者先进分子都可以加入共产党。这种开放性也是中国传统文化的反映。中国传统的科举考试不仅是考试制度，社会各阶层都可以借此进入统治阶层。其次，中国共产党所主导的政治过程向不同的利益群体开放。西方国家不同的利益都可以形成自己的政治过程，因此一个国家可以同时有几个政治过程。中国尽管只有一个政治过程，但这个过程是开放的，参与这个过程的利益是多元的，所有的社会经济利益都可以在党内得到反映。毛泽东以前说党内干部来自"五湖四海"，来自不同的"山头"。"五湖四海"和"山头"是客观事实，但中国没有"山头主义"，不同的"山头"通过中国共产党主导的这一政治过程统一起来，实现民主集中制。从经验来看，如果制度设计得好，开放的一党执政要比多党制更有效。多党制容易造成利益失衡、社会分裂，甚至国家分裂，而开放的一党执政解决了"多元"和"统合"之间的矛盾，可以整合不同的社会力量，维护国家的统一。

第三，中国共产党是一个非常强调社会参与的政党。西方把投票界定为主要的政治参与方式，因此说中国没有政治参与，这是一个巨大误解。西方总统制国家一般是四年进行一次选举，内阁制一般是五年进行一次选举。新加坡的选举是五年一次，选举活动期只有十多天，也就是说五年时间里人们只有十多天可以进行政治参与。人民通过选举能够实现政治参与吗？美国和其他西方民主国家的民粹主义为什么会崛起？主要还是因为这些人的利益无法反映到政治进程中。中国走的是不同的道路，无论是人大、政协，还是各种社会组织，都是政治参与制度。尤其是社交媒体产生后，中国的政治参与途径越来越广。再者，中国的政治参与不仅仅表现在选举中，更为重要的是表现在人民对政策的参与上。中国的重大法律，如《物权法》和《民法典》都是经过多年的讨论和老百姓的政策参与之后才出台的。美国国会立法，只有政治精英（议员）参与，精英同意就成为法律。中国每一次法律和中央文件的形成，都要通过更广泛的社会参与。中央通常都会召开一系列座谈会，这都是政治参与的方式。此外，现在的新型智库也是一种参与方式。

中国的政治参与方式和西方不一样，这是我们需要研究的。美国老百姓大选投票给拜登或者特朗普，主要是看两人的"一揽子政策"，但实际上因为政策的复杂性，大多数老百姓没有理解和判断能力。即便是教授或者博士，也很难判断哪一个候选人的政策更有效。现在西方政治人物把这个任务交给了老百姓，这是不负责任的。为什么现在的公投越来越多，公投就是让老百姓自己决定。投票过程中，政客蛊惑人心，煽动老百姓。再者，人们的投票意向非常复杂，不会按照西方民主理念设想的"理性"投票。

第四，中国共产党是一个学习型政党。中国共产党一方面强调向其他国家学习，但同时也不会把中国变成其他国家，向他国学习的目的是把自己变得更好。中华人民共和国成立之后，中国共产党开始学苏联，后来觉得不对，马上不学了。改革开放以来，中国学过美国和日本，也学过匈牙利和东欧国家，学过新加坡，但中国共产党从来不会照抄照搬别国。

作为学习型政党，中国共产党有两点非常重要。首先，中国共产党是五四运动的产物，是学习西方的产物。这与过去的中国农民革命不一样。从前的农民革命简单重复历史，但中国共产党是国际形势发展的产物，其每一步发展都和国际形势密切相关。在这个过程中，中国共产党能够处理好中国性和世界性之间的关系。中国共产党一方面强调自己是一个马克思主义政党，另一方面也一直在强调马克思主义的中国化。毛泽东如果照抄照搬列宁斯大林主义，中国革命绝对不会成功。今天也一样，人们千万不要误以为中国可以变成西方国家。二战以后，凡是机械地学西方的国家基本没有成功的，反倒是那些能根据自己的国情来学西方的国家取得了成功。其次，中国共产党处理好了传统性和现代性之间的关系。五四运动之后的几代人往往把中国的现代化理解成西方化，但今天的领导层明确把中国的现代化理解为中国传统的现代化。今天提出的"四个自信"中，最后一个自信——文化自信最为重要。中国共产党一方面继承了中国的文化传统，另一方面努力实现传统的现代化。

第五，中国共产党更是一个自我革命型政党。无论是马克思主义的中国化，还是从一个反传统政党转变为促进中国传统现代化的政党，都是中国共产党的自我革命。建立和更新监察权、反腐败、建立清廉政府更是共产党自我革命的重要步骤，也是中国传统制度的现代化。在历史的长河中，无论中外，如果一个政党不能自我改革、自我革命，那么最终都逃脱不了"被改革"和"被革命"的命运。中国共产党之所以能够同时实现三个"可持续"，就是因为共产党本身是一个自我改革、自我革命的政党，通过自我改革和自我革命不断更新自我的现代性。

中国共产党与西方政党的最大区别就是中国共产党是开放的。西方动辄想宣布历史终结。黑格尔就宣布过历史终结，因为当时欧洲民族国家产生了，他觉得这是最好的，以后不需要其他的国家形式了，但很快欧洲主权国家之间就进入了战争状态。同样，20世纪90年代初，福山觉得西方的民主制度是最好的了，也是世界上最后一种政体，草草宣布历史终结。但是，当西方自己认为自己最好的时候，问题马上就来了。从福山宣布"历史的终结"到今天西方经历着民主危机，没有相隔多少年的时间。

中国共产党从来不会宣布历史终结，因为历史永远是开放的。当西方宣布历史终结之后，中国共产党开启了新的历史。今天也是一样，在全面建成小康社会之后，中国共产党的下一个历史使命是追求共同富裕。今天西方世界所有的问题就是因为一部分人太富裕了，大部分人富裕不起来，社会不公平。没有基本社会公平的社会是不可持续的。可以预见，一个共同富裕的中国必将是世界上最强大的国家。

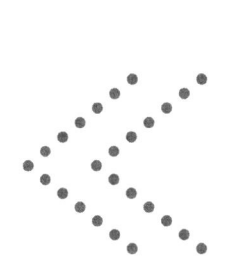

第六章 中国如何应对中美意识形态的斗争？

无论是内部还是外部，"认同政治"（identity politics）已经成为我们这个时代大冲突的根源。民粹主义、反全球化、种族冲突、政治歧见等因素不断加深着美国内部的认同政治纷争。"黑人的命也是命"运动席卷全美甚至整个西方世界，这次运动对美国内部政治的深远影响还远远没有展现出来。随着运动的深入，以黑人和白人之间矛盾为主体的种族矛盾、民主党和共和党之间的矛盾、保守派和自由派之间的矛盾不断深化，美国社会对此没有任何共识。各方之间如何达成妥协，重建美国社会，无疑是美国今后相当长一段历史时间里最具挑战性的任务。

外交是内政的延伸。随着内部认同政治矛盾的激化，美国政治人物也急速把认同政治延伸到了中美关系，使得美国对中国的认同政治战升级到白热化程度。从历史上看，西方国家在内部矛盾得不到解决的时候，都会企图通过内部矛盾外部化来解决或者掩盖内部问题。列宁有关帝国主义战争是其内部矛盾外部化的论述今天仍然适用。

也就是说，认同政治在迅速恶化着中美关系。对于美国挑起的中美认同政治战，我们没有任何可以掉以轻心的余地。认同政治究其实质来说就是分化政治。它的一个重要特点就是视自己是

"常态",而与己不同的便是"非常态",因此在把自己高度道德化的同时,把对方妖魔化。很显然,美国试图借助认同政治在国际社会搞两极化,即以美国为代表的"民主自由"一极,和以中国为代表的"非民主自由"一极。

认同政治在美国内部表现为高度分化,美国也用其内部分化的方式对中国的内部进行分化。美国对中国内部的分化主要表现在三个方面,即汉族与少数民族之间的关系(利用涉疆和涉藏问题)、中国共产党和中国人民之间的关系、中国共产党集体和其领导集团的关系。近来,随着香港和台湾问题的日益凸显,美国也开始搞"中"与"华"之间的分化,即把中国大陆视为"中",而把台湾和香港地区视为"华"。随着中国通过针对香港问题的《香港国安法》,美西方加强了在认同政治上分化和孤立中国的努力。

在对中国的认同政治战中,美国继续强化着其传统意识形态的话语,但并不满足于停留在意识形态层面,而是进入具体的政策操作层面。再者,强化意识形态层面的认同政治的目标便是论证其具体政策的合理性。道理很简单,一旦在认同政治层面把中国妖魔化,那么美国对中国实行什么样的政策都是合理的了。也很显然,这种认同政治不仅针对美国国内的民众,而且也试图影响中国民众。

当代认同政治恶化着各国内政和外交

认同政治这一概念出现在20世纪后期，特别是美国黑人民权运动时期。一般意义上，认同政治是指在社会上，人群因性别、人种、民族、宗教、性取向等集体的共同利益而展开的政治活动。但因为认同政治指向群体，而群体则是无限可分的，所以认同政治所指的范畴越来越广、越来越深入，认同划分也越来越细微。

例如性别，传统上的男女性别迄今已经发展到包括LGBTQ（lesbian，女同性恋；gay，男同性恋；bisexual，双性恋；transgender，跨性别者；queer，酷儿）等范畴。随着科学对性别认识的深入，未来出现更多的性别分类也不足为奇。

再如，传统的民族定义到了今天已经不再适用。在同一个民族内部，由于不同群体所持的政治观或者价值观不同，原来的民族概念也得到了分解。台湾和香港地区的一些人鼓吹的"民族主义"就是这种现象。在传统民族层面，无论从哪一个方面来说，台湾和香港同胞都是中华民族的一部分，而且是主体民族的一部分。但是，台湾和香港的一些人（主要是政治人物和知识分子）试图利用台湾和香港两地与中国大陆（内地）之间不同的政治认同来构建"台湾民族主义"或者"香港民族主义"。实际上，认同政治一旦和价值观（无论是道德上的还是世俗上的）结合起来，那么其必然具有了无限可分的性质。

认同政治是西方自由主义的产物，尽管认同政治也经常导向连西方自由主义也不想看到的结果。例如，近代以来，在民族国家问题上，西方自由主义的理想就是"一个民族，一个国家"。但鉴于即使在西方，大多数国家也是多民族国家，"一个民族，一个国家"的自由主义理想经常对这些多民族国家构成严峻的生存威胁。

西方自由主义往往和"自由""民主""人权""尊严""公平""正义""和平"等概念结合在一起，认同政治因此也对各个社会群体产生着无限的吸引力，这些群体便毫无节制（限制）地把这些所谓的原则应用到所有领域。如前所说，认同政治的最大特点就是"分化"，一旦这些自由原则被应用到所有领域，原来意义上的"实体"开始分解、分化，如果传统的认同（如民族、种族和宗教等）不够牢固，抵消不了新产生的认同，那么这些实体就很难逃避最终解体的命运。

认同政治产生之后，它对一些希望通过认同政治争取权利的社会群体也产生了一些积极的效果。例如，美国最高法院通过了一个历史性裁定，联邦就业法律保护LGBTQ员工不受歧视，雇主不得以这些员工的性取向为由解雇他们。

但总体上说，认同政治积极的成效屈指可数，其大多数诉求的满足仅仅停留在理论和法律层面，离诉求的实现还有很大的距离。从经验来看，人们不难发现，一些认同的可能性仅仅停留在理论层面，近乎乌托邦，很难真正转化为现实；更有一些认同，其实际效果随着认同的浮现、深化和强化而与初衷背道而驰。

在实际生活中，当代社会的一个显著特点就是以认同政治掩盖阶级（阶层）政治，以身份平等掩盖实际的不平等。在西方，因为"一人一票"制度的实现，认同政治所产生的政治权力是显而易见的，它在理论上、法律上都给予了国民"人人平等"的地位。但犹如"上帝面前人人平等"一样，不同性别、种族、民族、宗教和社会群体等在实质上还是不平等的，美国的黑人抗争运动从20世纪60年代延续到今天就是一个很好的例证。如果基于"肤色认同"的社会运动能够解决种族不平等问题，那么今天也不会发生如此猛烈的"黑人的命也是命"运动了。尽管人们都会认为，抗争是通向平等的必由之路，但现实地说，这条必由之路也仅仅是假设，或者说是一个可求不可得的理想。没有多少人会相信，美国的这次黑人运动能够改变美国社会的结构，尤其是建立在种族之上的社会结构。

更为重要的是，在世界范围内，认同政治越来越成为社会内部冲突和国际纷争甚至战争的一个主要根源。认同政治导向冲突，道理并不难理解。认同政治是建立在"自我"与"他者"的区别甚至矛盾之上的。社会群体内部因为群体的无限可分而产生内部冲突，外部因为对其他群体的歧视、妖魔化而产生外部冲突。而这些一旦表现在国际社会，便演变成国家间的冲突。

认同政治所导致的内部冲突最显著地表现为冷战结束以来的恐怖主义力量的崛起。在社交媒体时代，人们可以自由地表达和选择自己所需要的"思想"，并且也借社交媒体把自己的思想或者所接受的思想转化为行动。因为从社交媒体自由选择而来的思想往往具有蚕茧效应，即人们为这种非常狭隘的思想所裹挟，人们的行为越来越具有激进化甚至暴力化的特征。今天，网民的"思想"激进化已经成为世界范围内的一个普遍现象。

中东"伊斯兰国"的崛起和各国投奔"伊斯兰国"的年轻人就是典型。美国当年借"9·11"事件入侵阿富汗及伊拉克，掀起全球性的所谓"反恐战争"，在推翻了当地政权之后，激怒了中东乃至全球伊斯兰世界。在无政府状态下，激进分子用极端的宗教信仰召集"圣战"战士，在世界各地进行恐怖主义活动。同时，世界各地发生的恐怖袭击反过来助燃了伊斯兰教恐惧症以及白人至上主义思潮。

伊斯兰教极端恐怖主义者相信异教徒迫害穆斯林，所以鼓吹在全世界对非穆斯林（甚至不同派系的穆斯林）发动用"圣战"包装的恐怖袭击。白人至上恐怖分子则以这些"圣战"为借口，相信穆斯林要消灭现代西方文明，所以必须对其赶尽杀绝，这也是2019年震惊世界的新西兰清真寺枪击惨案发生的背景。很多证据显示，犯案的澳大利亚籍青年单独行凶，他因为接触了极右纳粹主义思想，而自我激进化。这种极右思想强调白种人的纯正血统，不但因"9·11"事件而仇视清真寺，也排斥西方社会里包括犹太人在内的其他非纯种白人。

很显然，此类认同政治已经给那些有多元宗教信仰的社会造成了巨大的冲击。人们担忧的是，无论是言论自由还是社交媒体，都在有效促成认同政治的激进化，而激进化的行动会随时爆发出来。

如果说由认同政治产生的恐怖主义是人们谴责的对象，那么由认同政治导向的国家分裂主义则往往具有诱人的魅力，为人们所颂扬，因此往往对多民族国家构成致命的威胁。苏联的解体即刻造成了东欧国家从苏联集团解放出来，与此同时，认同政治则强化了诸多国家内部不同民族群体间的冲突，导致了原先国家的解体。而西方基于"人权高于主权"原则鼓励和促进了这些国家的解体。应当指出的是，西方的"人权高于主权"原则本身便是认同政治的产物。

然而，认同政治的这种效果很快就延伸到西方诸国。西班牙东北部自治区加泰罗尼亚2017年举行独立公投，让西班牙陷入宪政危机。反对公投且态度强硬的西班牙首相拉霍伊决定用强制手段阻止公投，获得了西班牙宪法法院的支持，法院认为公投违宪。富裕的加泰罗尼亚一直不满向中央政府缴纳过多的赋税，宪法法院此前否决国会赋予当地更大的自治权，更加剧了该地独立的情绪。这些年来，化解加泰罗尼亚人的义愤一直是西班牙政府所面临的严峻挑战。

加泰罗尼亚人要求独立并非个例。欧洲其他国家，包括英国的苏格兰、意大利的南蒂罗尔等，都存在长期的地方自治、分离或独立诉求。苏格兰在2014年举行独立公投失败，然而英国脱欧公投再度引发苏格兰独立的诉求，因为苏格兰经济发展有赖于欧盟会籍。同样，以德语居民为主的南蒂罗尔，也不满意大利在2011年可能爆发主权债务危机而加重南蒂罗尔的税负，导致要求脱离意大利、回归奥地利的呼声重现。

认同政治所引发的国际冲突和战争更是屡见不鲜。历史上，早期的宗教战争（尤其是"十字军东征"）便是一种认同政治，因为人们只认同自己的"上帝"，而容忍不了其他人的"上帝"。近代之后，西方世界随着工业化和商业化的发展，世俗化进程加剧，国家间往往为了利益而发生冲突和战争。西方诸国之间诸多形式的战争，包括帝国主义战争、殖民主义战争和美国式的占领，都是如此。美苏冷战期间，两国之争尽管是世俗利益之争，但世俗利益被有效意识形态化或者价值观化，两个阵营的对立因此也在很大程度上体现为认同政治。

冷战之后很快又出现了哈佛大学教授亨廷顿所说的"文明的冲突"。世界似乎又回到了宗教冲突时代。亨廷顿的"文明的冲突"与历史上的宗教冲突不同的地方在于，他在宗教（文明）之上加了世俗的民主（认同政治）因素。例如，在亨廷顿那里，中国和日本不属于同一个文明，因为日本已经是民主国家，属于"民主"文明。

这种以世俗现象为核心的认同政治在冷战后变本加厉。"9·11"恐怖事件之后，小布什政府开启反恐战争，提出了"要么和我站在一起,要么就是我的敌人"的原则,在国际上塑造民主价值同盟。到了奥巴马政府时期,美国不怎么强调所谓的"价值同盟"了,但其盟友日本和澳大利亚等国则成为价值同盟的狂热提倡者。

美国的对华认同政治战

今天,在意识形态领域,美国的对华政策开始呈现出两个大趋势。第一,美国把传统意识形态对抗扩展为认同政治之争。第二,美国把认同政治作为其在国际社会应对中国的有效手段,搞"两极化":一方面,构建以美国为中心的认同政治新联盟;另一方面,企图把中国从国际社会孤立出来。

如同美苏冷战,中美之间的意识形态对抗已经表现得极其惨烈。尽管美苏之间和中美之间意识形态对抗的逻辑是一样的,但今天的意识形态对抗表现得更为复杂。

美国对华意识形态战的四个方面

概括地说,中美意识形态对抗到目前为止,主要表现在四个互为相关的方面。

第一,信息封锁战。这主要表现在科技方面。中美贸易战就其本质来说是一场科技对抗。美国已经采取最为严格的举措来阻止美国的高科技进入中国,在很多领域中断了两国之间的科技交流,在美国国内对华人科学家或者那些与中国有交往的美国科学家进行严格审查。已经有不少华人科学家和学者被审查、被所在机构开除、被起诉和判罪。

在这方面,美国也可能采取更进一步的举措,例如构建专门针对中国的"防火墙",不让被美国视为有价值的信息流到中国来,或者阻止中国获取这类信息。

第二,美国在全球范围内打压中国高科技企业。现代战争就其本质来说是信息战争,美国为了保证其在科技、信息领域方面的优势,想方设法阻止和限制中国高科技企业涉足信息相关业务领域。美国花大力气阻止华为5G技术的计划就是一个典型例子。这些年来,美国政府高官到处游说,甚至对盟友或者计划使用华为5G技术的国家施加高压,迫使这些国家放弃使用华为5G技术。美国的议会也在加紧活动,到处游说。美国20名共和党和民主党参议员于2020年3月3日联合致信,敦促英国重新考虑容许华为成为英国5G供应商的决定。尽管英国和一些国家并没有完全屈从于美国的压力,但它们也只是有限度地使用华为5G技术,而更多的国家则屈从于美国的压力,限制本国公司使用华为5G技术。

第三,针对中国进行媒体攻击战,或者"假新闻"战。"假新闻"战就是佛罗里达州的斯科特参议员提出的"不实信息和政治说教"战争。在这方面,中美两国之间的冲突越来越公开化。

中国这些年所进行的大规模党媒或者国家媒体建设使得美国

和西方非常警觉。美国相信，中国会和苏联一样，一旦崛起，就会在国际舞台推行自己的意识形态，从而扩张中国的国际影响力。因为美国已经把中国确定为最大的对手，所以如何应付中国的"意识形态扩张"一直是美国研究的重要问题，这些年来美国对孔子学院的打压就是明显的例子。

美国决定对新华社、《中国日报》美国发行公司、中国国际电视台（CGTN）、中国国际广播电台、《人民日报》海外版美国总代理（海天发展有限公司）等五家中国官方媒体驻美机构施加限制，将它们列为"外国使团"。这意味着这五家机构必须遵守与驻美使馆和总领事馆相类似的要求，包括注册现有物业，以及购买新物业前需获得批准。美国更进一步限制中国官方记者在美国的人数，变相驱逐了60名中国记者。2020年6月22日，美国国务院又将中国中央电视台（CCTV）、中新社、《人民日报》和《环球时报》列入名单。美国国务院说，这些媒体受中国共产党控制，不是独立的新闻机构。

美国国务院发言人奥特加斯在声明稿中表示，美国国务院是依照《外国使团法》所赋予的权力做出相关决定。她说："过去十年，中国将国家宣传机构伪装成新闻机构，并对这些机构进行更直接的控制。"奥特加斯强调，中国领导人曾说过党的新闻媒体必须体现党的意志，维护党中央的权威，并与党中央保持高度一致。她说："西方媒体受制于真相，而中国的媒体则受制于中国共产党。"国务院助理国务卿史达伟也说："中国共产党不只掌控这些宣传机构的营运，也对它们的内容走向全权掌控。"

第四，最重要也最严峻的是美国开始大搞认同政治，通过妖魔化中国政治制度来强化西方民主认同。在很大程度上，认同政治已经被视为美国应对中国的最有效工具。

从经验来看，在美国，强硬派和保守派政治精英，无论是政府官员还是国会议员，干脆用"中国共产党"的概念来替代"中国"，其用意不仅仅在于人们所说的分化中国共产党和中国人民之间的关系，更在于把中美制度的不同视为中美冲突的根源。

时任美国国务卿蓬佩奥于2020年6月19日以视频形式在丹麦"哥本哈根民主峰会"上所做的"中国挑战"致辞堪称认同政治的典型。蓬佩奥恶意攻击中国共产党敌视民主价值观，威胁到世界各国，呼吁欧洲盟友不是在美国和中国之间，而是在"自由与暴政"之间做出选择。

6月25日，蓬佩奥在德国马歇尔基金会的布鲁塞尔论坛上发表了一个题为"一个新的跨大西洋的对话"的讲话，他重申了他6月19日在"哥本哈根民主峰会"上的论点，呼吁欧洲盟友共同应对中国共产党政权带来的挑战，说不是美国要对抗中国，而是世界需要对抗中国。

他说，尽管美国与欧洲在意识到中国这个"威权政权"的崛起及其对自由社会的影响这些问题上都很缓慢，但是中国共产党政权所采取的一系列行动使美国与欧洲都觉醒过来。蓬佩奥说："我今天要传达的信息是，为了维护我们的自由社会、我们的繁荣和未来，我们必须共同努力，继续大西洋两岸的这种觉醒，以应对中国的挑战。"

他说，有关美国应该缓和与中国的紧张关系的论调"是无稽之谈，我们不接受这种论点。在自由与威权之间是没有妥协的。我不希望我们的未来由中国共产党来塑造"。他说，现在的问题并不是美国迫使欧洲在美国和中国之间做出选择，而是中国迫使欧盟在自由世界与中国的威权愿景之间做出选择。他还说，他看到欧洲大陆对中国有着更加现实的看法。

他提出美国要联合欧洲来共同应对中国，说美国接受欧盟外交事务负责人博雷利的提议——成立美国与欧盟对华对话机制，并且会尽快建立这个机制。

之前一天（6月24日），美国白宫国家安全顾问奥布莱恩在亚利桑那州借着与20多名企业高管对话的场合，发表了一篇近30分钟的对华政策演说，批评中国共产党在中国的"极权主义"及"对世界输出意识形态的扩张计划"。他说，美国过去因为忽视中国共产党的意识形态而天真地与其往来，但这个时代已经终结。他预告美国将祭出更多制裁，还将彻底揭露中国共产党的"全球扩张计划"。

奥布莱恩表示，美国自1930年以来外交政策最大的失败就是误判中国共产党，天真地以为与中国共产党来往会促使它变得更加自由。而美国之所以会误判，是因为美国忽视了中国共产党的意识形态。奥布莱恩"谴责"中国政府"盗窃知识产权、打击人权、咄咄逼人地扩张、掩盖新冠病毒在武汉的起源、利用社交媒体进行宣传和传播虚假信息"，以及驱动这一切的意识形态。他说，"特朗普政府将揭露中国共产党的理念与阴谋，不只针对香港或台湾，而是针对全世界"。他说："特朗普总统明白永久的和平来自自身的强大。美国是世界上最强大的国家，我们不会向中国共产党低头。"

奥布莱恩在演说中细数特朗普政府已对中国所采取的七大反击措施，包含对华为公司的禁令、国务院将9家中国官媒列为外国使团、针对与所谓的"新疆问题"有关的21个中国政府实体及16个中国公司祭出出口禁令、因"世界卫生组织受中国控制"而终止与世界卫生组织的关系、限制有解放军背景的学生签证、暂停美联邦退休基金对中国股票的投资计划以及由美国国防部列出多家"被解放军操控的公司清单"。他说"这一系列举措只是刚开始，旨在修正过去40年单边的不公平关系，（这些错误）已经严重影响了美国的经济及近期的政治安全。如同特朗普总统对中国不公平贸易所加的关税一般，更多制裁措施将出台"。

在实施对中国的认同政治战的时候，把所谓的"中国影响力"清除出美国成为美国的当务之急。认同政治战的核心是影响力，而美国把中国在美国的媒体视为对美国的直接渗透。在这个背景下，我们就很容易理解美国为什么限制中国新闻机构在美国的正常活动了。

应当指出，在美国对中国进行着认同政治战的同时，很多西方国家也积极加入其中。实际上，和西方国家（尤其是西方盟国）结成认同政治的广泛统一战线正是美国战略的目标。

新冠肺炎疫情发生以来，体制之争也是欧洲政界和学界对华认同政治之争的一个重要主题。例如，瑞士《金融经济报》刊发的由苏黎世大学宏观经济学教授约阿希姆·福特（Joachim Voth）撰写的一篇题为《瘟疫与体制竞争》的评论文章便是认同政治塑造的典型。福特提出，只要中国不民主，就无法保证能妥善应对下一场疫情，因此西方国家应该限制中国人入境。

福特注意到，疫情发生之后，欧洲不断有人赞叹中国的"专制体系"能够不惜一切代价采取强力措施，取得了比西方国家更高效的防疫成果。他认为，中国的事例不能说明"专制"的有效性，因为俄罗斯、伊朗这样的"专制政体"在此次疫情中一败涂地。尽管欧美国家在应对新冠肺炎疫情过程中也宣布进入紧急状态，对公民基本权利做出了诸多限制，但民主制度能够更快地找到自身问题，具有较强的学习能力。长期而言，民主优于专制。福特对西方开始流行的"民主怀疑论调"忧心忡忡，这无可非议，但是他把这种担忧转化为对中国"专制"的批评和谴责便是"认同政治"在作怪了。

《香港国安法》与认同政治

更应当重视的是，美国正在借助中国政府通过的针对香港问题的《香港国安法》，强化美国和其他西方国家之间的政治认同，把对华认同政治冲突推到一个新的高度。西方诸国都认为《香港国安法》针对的不仅是香港本身，更是西方民主价值观。

《华盛顿邮报》形容该法让北京可凌驾香港司法制度、打击政敌，夺走《中英联合声明》承诺的地区自治权，认为此举会加剧中国与美国及其他西方国家的紧张关系，提高中国政府进一步报复的可能。美国国务卿蓬佩奥2020年6月29日发声明说，中国打压香港令美国重新调整与香港的关系，"若中国想赢回香港人和国际社会的信任，就应兑现它在联合国登记的1984年《中英联合声明》中对香港人和英国的承诺"。蓬佩奥7月1日又表示，美国深切关注《香港国安法》中相关规定的涵盖范围，深切关注所有在香港生活的人的安全，包括美国人。蓬佩奥说，《香港国安法》中的某些条文"是对所有国家的冒犯"。蓬佩奥说，美方日前宣布将停止向香港输出源自美国的防务装备及军民两用技术，美方将继续执行总统特朗普的指示，中止香港的特殊地位待遇。美国商务部部长罗斯呼吁企业重新考虑在港总部。

另外，美国众议院议长佩洛西则呼吁对中国采取进一步行动，以回应《香港国安法》的通过实施。佩洛西要求总统特朗普，针对违反承诺侵害香港自由的官员，在推出制裁措施方面"做更多事情"，认为要动用一切可行手段。佩洛西表示，如果美方基于商业利益，拒绝为中国人权发声，美国将失去为全球其他地方的人权情况发声的道德地位。

欧洲方面，欧盟委员会主席冯德莱恩强调说，欧盟一贯地警告中国若继续推行《香港国安法》，将面临负面后果，包括商界信心、中国声誉、公众及国际对香港的看法等。她指出，许多欧洲政府曾发表类似声明，欧盟将与国际伙伴保持联系，继续留意应如何回应。

北约秘书长斯托尔滕贝格表示："中国并非北约的敌人，但我们必须充分明白，中国崛起对我们以及在安全方面的影响。很明显，中国跟我们没有共享民主、自由及法治等价值观。"在北约2020年6月初发布《北约2030》展望文件时，斯托尔滕贝格曾发表讲话指出，中国与俄罗斯的合作正在不断加强，而这两个国家则共同对欧洲构成日渐严重的威胁。他对此希望北约在国际事务中发挥更大的政治作用，并帮助亚太地区国家应对中国的影响力上升。讲话中，斯托尔滕贝格提出："北约不认为中国是新的敌国或对手。但是中国已经投入世界上第二高的国防预算，在大力投资现代军事能力，包括射程可以达到所有北约盟国的导弹。"他谈道："我们在非洲和北极地区也看到中国军队，我们看到中国在关键的基础设施上进行投资。中国与俄罗斯的合作越来越多，所有这些动作都对北约盟国的安全造成威胁。"

《香港国安法》所导致的"两极化"趋势非常明显。例如，英国常驻联合国日内瓦代表处代表朱利安·布雷斯韦特于2020年7月1日代表27个西方国家宣读联合声明，敦促中国重新考虑在香港实施新国安法，但同时，古巴却代表53个国家在联合国人权理事会上表示不干涉主权国家内部事务是《联合国宪章》的重要原则和国际关系基本准则。

美国和欧洲的主流媒体，无论左派右派，都把《香港国安法》视为对西方价值观的一个挑战。《南德意志报》发表评论认为，这说明"将中国纳入世界秩序的尝试失败了"。而左派的德国《日报》发表评论认为，这"对香港来说是一场噩梦，对世界其他角落来说，是一个起床号"。路透社报道称，《香港国安法》

促使中国进一步走上与美国、英国和包括其他西方国家政府在内的北约盟友相冲撞的道路。

《香港国安法》甚至引起了日本和韩国的强烈反应。时任日本政府内阁官房长官菅义伟表示，中国通过《香港国安法》的举动"令人遗憾"，破坏了"一国两制"治理方案的公信力。他在新闻发布会上说："我们将继续与有关国家合作，妥善处理这一问题。"随后，日本外相茂木敏充对记者表示，他与国际社会和香港民众一样，对此次立法"深表关切"。

时任韩国外交部发言人金仁澈表示，香港与韩国的经贸和人文交流频繁，韩国正在密切关注有关动向及今后影响。他表示，韩方尊重中英两国1984年签订的《中英联合声明》内容，认为根据《中英联合声明》和《香港基本法》，香港在"一国两制"的原则下，享受高度自治并继续维护稳定与发展至关重要。

中国的应对

我们没有任何理由轻视或者忽视美国领导下的对华认同政治战。理由很简单,认同政治不仅仅是单纯的意识形态之争,而且能够对西方诸国的实际政策产生直接影响。

美国为什么要对华搞认同政治战?

我们首先要理解美国为什么要对华进行认同政治战。

如同美国外交政策所显示的,美国搞认同政治的目的是塑造一个认同政治国际联盟,共同对付中国。这些年来,美国随着其内部社会政治冲突的凸显,在国际上显得力不从心。特朗普上台之后,美国加快从国际舞台上"退缩"。尽管美国的盟友都希望美国继续扮演国际领导者的角色,但这并没有减缓美国从国际组织"退群"的速度。不仅如此,特朗普政府还屡屡对同盟施加压力,要求它们在维持和美国的同盟方面承担更多的费用。

所有这些使得美国的盟友对美国另眼相看。在这次新冠肺炎疫情中，没有一个美国的盟友向美国寻求帮助，这是美国进入世界体系一个多世纪以来从来没有发生过的。过去，美国总是其盟友寻求帮助的首要考虑，而美国也大多会慷慨解囊。美国在国际舞台上角色的变化使得美国的盟友开始改变对美国的看法，并且直言不讳。德国总理默克尔2020年6月26日在接受英国《卫报》等六家欧洲报纸联合采访时说，不要认为美国仍想当世界领袖，如果美国自愿放弃世界大国角色，德国需"深切反思"。

美国对自己国际地位的变化并不是没有深刻认识的。至少从奥巴马当选总统之后，美国开始减少对国际事务的承诺。这些举措肯定要影响美国的国际地位。同时，美国也大大低估了中国崛起的速度及其政治影响。美国意识到，中国并不是美国政治人物所认为的，真的会变成另一个"西方"国家（可以解读成一个"乐意屈服于美国主导"的国家）。美国希望中国变成一个西方类型的国家，因为没有一个西方式民主国家可以挑战美国，一旦一个国家成为西方式民主国家，美国就总能够找到干预这个国家内政的有效方法。

因此，在"改变中国"失败的情况下，认同政治成为美国对华政策的一个有效方式。在美国看来，这个方法之所以有效，有两个方面的原因。第一，在国际层面，尽管认同政治表现在意识形态领域，但远比意识形态广泛，因为认同政治不仅包括传统的种族、民族、宗教等因素，也包括民主、自由和人权等社会世俗价值观，更可引申到文明之争。这样，美国便可以结成广泛的政治认同国际"统一战线"，促成世界"两极化"，最大限度地孤立中国。的确，正如前面所讨论的，美国高官和国会议员们近来一直在向其盟友和世界兜售这样一个概念，即是否和美国站在一起对付中国"并非在中美之间做选择，而是在专制与民主之间做选择"。早些时候，美国官员也直言不讳地把中美冲突视为"文明的冲突"。第二，如前面所讨论的，认同政治可以通过分化中国内部，促成中国内部的变化。

美国的认同政治也已经在发生实际作用。近年来，随着原有国际（区域）秩序的解体，各国都在努力重组国际（区域）组织。在这个过程中，已经出现了越来越多把中国排挤在外的多边组织。西方国家最近的努力越来越把"民主自由"作为国际（区域）多边组织的入门标准。

例如，英国政府提议为了应对中国的5G技术，用"十国民主集团"或者"十国民主联盟"（D10）来取代原先的"七国集团"（G7），即在原来七国的基础上，再加上澳大利亚、印度和韩国。

据韩联社消息，韩国科学技术信息通信部2020年6月15日表示，旨在促进人工智能发展和应用的"人工智能全球合作组织"（GPAI）当天正式成立。德国、法国、新西兰、英国、加拿大、澳大利亚、美国、日本、韩国、新加坡、斯洛文尼亚、墨西哥等14个国家加入该组织。GPAI旨在基于"人权、包容、多样性、创新、经济增长和社会利益"原则解决人工智能领域的热点问题，为实现联合国的可持续发展目标做出贡献。

从英国和韩国的作为不难看出，这些国家基于认同政治（对民主的认同）把中国排除在外，或者把中国直接置于它们的对立面。

不管怎么说，认同政治已经从社会个体、群体上升到主权国家对自身的认同、对他国的认同。正如前面所阐述的，认同政治和冲突具有内在的关联性。如果认同政治在一个社会内部已经导致了无穷的冲突，那么认同政治也必然导致国家间的冲突乃至战争。并且，历史经验表明，这种把世俗价值宗教化和道德化的认同政治所导致的冲突与战争具有更大的暴力能量。

中国如何应对？

美国对中国的认同政治战会把中美关系导向何方呢？

从现阶段的情况看，在很大程度上，中美两国之间的关系已经演变成物理世界的作用与反作用的关系，无论哪一边有所动作，另一边必然机械地反弹过来。新冠肺炎疫情发生以来，美国针对中国的任何举动必然导致中国的强烈反弹。

这种作用与反作用的模式尽管可以理解，但实际上对中国是非常不利的，即中国容易陷入美国所设定的认同政治议程。两国抗疫明明是两国内部的事情，因为抗疫是否成功，受影响最大的是本国老百姓，而不是另一国的老百姓。美国因为各种因素抗疫不力，却试图推责于中国，毫无理由地把疫情传播和中国政治制度联系在一起。即使在美国国内，反对推责于中国的声音也不小，因为推责于中国解决不了美国的疫情传播问题，拯救不了美国老百姓的生命。但很可惜，被视为中国的强有力回击很快在中美关系之间上演了制度之争、价值观之争和生活方式之争。美国认为自己的政治制度、价值观和生活方式受到了中国的威胁，要从各个方面进行针对中国的保卫战。至少在民间层面，中国也具有类似的认知，与美国针锋相对。

人们很容易把这个局面与美苏冷战期间美苏两国的意识形态冷战相类比。的确，除了用核武器互相威慑之外，美苏两国最激烈的战场就是在意识形态领域，即美国所说的自由资本主义和苏联共产主义之间的对抗。不过，就美国所展开的对华认同政治战来说，中美在这个领域的情况可能要比美苏冷战期间的情况更为糟糕。因为美国人相信"文明的冲突"，而这种冲突并不存在于美苏关系之间，但存在于中美关系之间。实际上，就认同政治的范畴来说，美国可以把这种冲突扩展、扩散到任何一个领域。这里的核心在于，一旦美国通过认同政治把中国妖魔化，那么美国对华实施什么样的政策都占领了道德高地。

那么，中国是否可以找到其他更有效的方式来应对美国的认同政治战呢？如果美国搞认同政治，中国也搞认同政治，那么两国必然陷入恶性循环模式。

但实际上，中国可以找到更有效的方式来和美国做意识形态方面的斗争。至少，对于如下三个方向性问题，是需要进行充分的理性考量的。

第一，在话语上采用更加包容的方式。

美国对华发动媒体战，中国不得不"以牙还牙"。这也就是中美两国近来驱逐对方记者、限制对方媒体活动等举措出台的背景。但是，不应当把针对媒体机构和人员的政策与媒体话语塑造政策混同起来。

从经验来看，在话语塑造方面，中国其实可以采取更有效的方式，即包容方式。包容也是中国世俗文明最主要的特质，这个特质也使得中国文明吸纳了包括佛教在内的外来文化。但即使人们不讨论久远的过去，1949年以来的经验也足以说明包容方式的有效性。

中华人民共和国成立之后，中国曾经实行向苏联"一边倒"的政策。和苏联决裂之后，中国也经历了高涨的反美民族主义浪潮。但毛泽东"三个世界"理论的提出表明他的务实政策，即国家政策不为已有的意识形态所制约。尽管当时美苏处于两个意识形态的对立面，但毛泽东的务实政策促成他把美苏两国同时视为"霸权主义"。尽管处于"第二世界"的国家都是资本主义国家，与中国本身的意识形态相对立，但所有"第二世界"的国家都是中国交往和合作的对象。在基辛格博士秘密访华之后，中国更是和自己意识形态的对立面——美国结成了准同盟，共同应对苏联社会帝国主义。

邓小平的"不争论"更是包容方法的体现。针对当时意识形态领域进行的"资本主义"和"社会主义"之争，邓小平提出了"不争论"，认为市场经济只是一种制度手段和工具，资本主义和社会主义都可以使用。之后，中国有机地把市场经济和社会主义融合起来，提出了"社会主义市场经济"理论，引导了中国数十年的高速经济增长。

邓小平之后的很长时间里,尽管中国努力抵制"西化",但从来没有停止与西方对话。即使在民主、自由、人权等问题上,中国也一直抱着求同存异的态度,和西方保持对话。经验表明,只要进行对话,中西方在很多领域都是可以达成一定共识的。毕竟,实际的中国并非西方认同政治中的"中国",更何况中国和西方之间存在着巨大的共同利益。

一句话,在美国开始把中美关系导入认同政治战的时候,中国不得不思考如何避免被美国牵着鼻子走。避免被"牵着鼻子走"的办法就是以更加包容的态度塑造自己的话语。

第二,改变媒体战的方式。

多年来,中国政府每年投入巨资进行全球宣传,并采用多种策略扩大官媒在美国的影响。根据美国司法部披露的信息,《中国日报》英文版自2016年11月以来,向美国媒体支付1 900多万美元的印刷费和广告费,其中向《华盛顿邮报》和《华尔街日报》等美国主流媒体支付的广告费用超过1 100万美元。

《中国日报》在美国媒体上打广告无可非议,但手段过于简单。最引人关注的是2018年美国中期选举期间《中国日报》在《得梅因纪事报》(Des Moines Register)上刊登的广告。在四个版面的广告中,《中国日报》批评特朗普针对中国的关税措施,强调自由贸易为艾奥瓦州农民带来的好处。但这一广告很快引发了特朗普抨击中国干预选情的强烈回应。

中国在美国所做的广告很容易被美国视为"用来宣传中国政

府的立场，美化中国和中国共产党的形象"。非政府组织"自由之家"的高级分析员莎拉·库克说，中国政府的对外宣传中，有不同程度的这种被称为"借船出海"的形式，其利用与海外主流媒体的合作来传播中国官媒的宣传内容。

自2009年以来，中国驻外媒体宣传中不乏高调的媒体扩张事件。比如，新华社进驻纽约时代广场附近的写字楼，并在广场上的大屏幕播放宣传广告；中国中央电视台外语频道（现CGTN）在华盛顿建立北美分台，从多家知名西方新闻机构挖角；分发《中国日报》的报箱纷纷出现在美国各大城市街头，报纸还一度进入了国会山议员们的办公室。

美国司法部的信息显示，《中国日报》过去10年在美运营费用增长了10倍，从2009年的133万美元上升到2019年的1 200多万美元。CGTN北美分台2018年12月至2020年2月间收到央视拨款约6 800万美元，运营开支近5 800万美元。

主要官方媒体也都在脸书和推特等社交媒体上经营账号，有的甚至分栏目和语言开设多个账号。这些官媒英文版在主要社媒平台上都有数千万的关注者。截至2020年6月，CGTN脸书账号关注者超过1亿，新华社和《中国日报》英文版脸书账号分别有8 100万和9 500万关注者。

但这些方法并不非常有效，美国学者对此是很清楚的。艾奥瓦州立大学研究中国传媒的政治学教授乔纳森·哈希德说，中国的媒体根本不了解西方社会和媒体是如何运作的。它们认为西方媒体就和中国媒体一样，可以用同样的方式去影响，这显然是对形势的误读。

更应当指出的是，中国媒体的主要影响群还是中文读者，并没有进入美国主流社会。"自由之家"的莎拉·库克通过研究得出结论，在美国华人社区，中国官方媒体和亲中国媒体已占据主导地位。她在 2020 年初发布的《北京的全球扩音器》报告中说，在有线电视领域，2016 年的数据显示，美国可以收看到央视和凤凰卫视的家庭分别为 9 070 万户和 7 950 万户，而收看台湾东森电视台（ETTV）和"法轮功"学员创办的新唐人（NTDTV）的家庭则只占很小一部分。

莎拉·库克认为，关于中国媒体的影响途径，明面上的官方媒体只是冰山一角，还有与中国关系密切的半官方或私人媒体。库克还说，微信和 TikTok 确实在美国获得了立足点，那么它们只是为了在某些特定群体中或全美获得市场份额和主导地位，还是这本身也是中国共产党的一个目标？如果从几年前中国共产党试图成为网络超级大国时将腾讯等推为领军者来看，那么这就是目标。库克说，即便我们尚未完全看到这个目标在内容和民意层面如何转化实现，但是情况已经和五年前完全不同，而且对未来会产生各种可能的影响。

斯坦福大学胡佛研究中心 2018 年的一份研究报告说，美国的中文电视、网络和纸质媒体几乎都已被中国政府通过注资、补贴等方式直接或间接控制，在新闻采编上迎合中国立场。

2020 年，Axios 报道说，在美国人口普查局面向华裔社区的 2020 年人口普查广告投放中，包括凤凰卫视在内的三家与中国有密切联系的华文媒体获得了广告合同，而在上一次（2010年）人口普查中合作过的《大纪元时报》和《希望之声》这两家反对中国共产党的媒体则被排除在外。

美国的政治人物、研究机构和媒体对中国进行的媒体战有效恶化着美国人对中国的认知。皮尤研究中心2020年4月发布的一项在疫情前做的民调显示，约2/3的美国人对中国持负面看法，是2005年有这项调查以来的最高水平，还有约90%的美国人将中国的影响力和实力视为一种威胁。

美国政府在对华态度和政策上也急速转向。白宫在2020年5月发布的对华战略报告中说，美国原以为向中国开放市场和投资，中国会变得更加自由，但是中国反而更为"专制"，并在世界上加大宣传其政治思想的力度，美国决定公开增加对中国的压力，全面遏制中国扩张。

除了美国政府加紧对来自中国的媒体活动加强审视之外，美国众议院外交事务委员会首席共和党成员、众议院中国工作组主席迈克尔·麦考尔已经表示，美国国会会提出议案全面应对中国共产党的宣传，认为美国有必要重启冷战时期对抗苏联的积极措施工作组（Active Measures Working Group），并制定长期战略去瓦解中国共产党的宣传攻势。

所有这些新动向需要我们重新思考和美国进行媒体战的方式。如果不能改变现在的方式，那么会继续恶化外部媒体环境，加快美国所希望的价值"两极化"。如何改变方式？有几点可以思考。

首先，要防止把中国内部的媒体操作方式简单地推向西方，即前面乔纳森·哈希德所说的现象。相反，中国媒体工作者需要树立外部思维，用西方的方式去影响他们。在这方面，俄罗斯的经验显得很重要。西方很害怕俄罗斯的外宣，是因为俄罗斯理解他们的内部情绪，用西方人的情绪去影响西方。相较之下，中国的宣传方式就是简单地表达自己的中国情绪，因此不仅影响不了人家，反而激起人家的愤怒。

其次，要通过"去中国化"来宣传中国。这里要讲一些辩证法。现在的外宣因为太过于聚焦宣传中国，"中国"成为唯一的议题，因此具有很大的排他性质。人家一看就是中国的，自然产生抵触情绪。一个更有效的做法就是不光讨论中国，而是把中国论题置于世界论题之中来讨论。实际上，这种转变已经变得越来越迫切。中国已经是世界上第二大经济体，在世界事务中扮演着越来越重要的角色。因此，中国不仅需要宣传自己，也需要对方方面面的世界事务发表自己的意见。把中国置于世界议题中来讨论，可以大大强化讲中国故事的效果。这就需要培养一大批既懂中国也懂西方的学者和媒体人。

再次，要充分利用西方市场。现在中国媒体"走出去"具有两个特点，一是中国自身的媒体"走出去"，二是占据海外华语市场。这种局面必须得到改变。一方面，随着中美意识形态对抗的升级，中国的媒体主体"走出去"越来越难，即使"走出去"了，活动也会受到越来越多的限制。这就要求中国转变形式，例如在海外设立一些综合媒体公司，通过公司的形式来运作，来宣传中国。不过，必须强调的是，这些公司不能光聚焦中国，中国议题只是其中一部分。另一方面，在西方，媒体的主战场应当是外语市场，尤其是英语市场，而非华人市场。中国现在需要影响的是西方社会的主流人群，而非海外华人。聚焦外语市场也并不影响对海外华人的影响，因为主流海外华人一般都懂本地的语言。排除华人市场会对宣传中的中国媒体产生压力，但从长远看，它们会更具有竞争力。

第三，防止在语言上对西方全面出击。

如前面所讨论的，美国对华认同政治战的目标就是促成美国和中国在世界事务中的"两极化"，从而最大限度地孤立中国，并在此基础上遏制甚至围堵中国。中国的应对应当是"反分化"，但最有效的"反分化"手段就是不要全面出击。新冠肺炎疫情发生以来，中国在行动上是得分的。在内部，中国以最有效的方式，在最短的时间内控制了疫情。即使美国学者（例如福山）也承认，中国是世界上唯一一个有效控制疫情的"非民主国家"。在外部，中国一直在向许多国家提供医疗物资和人道援助。不过，一些社交媒体不当的言论产生了负面影响。

中国的有效行动在世界上积累着信誉。第一章中已经论述过，一项由德国马歇尔基金会发布的调查显示，新冠肺炎疫情导致越来越多的西方民众将中国视为顶级大国，而美国的领导地位却在下滑。尽管部分国家民众认为中国在初期疫情扩散方面负有责任，但国际社会更认同中国作为"援助者"的国际角色。认为中国是最具影响力的全球大国的人的比例明显上升。

前面也提到，美国国际角色的变化使得包括其传统盟友在内的西方国家重新思考美国，调整它们与美国的关系。这种情绪已经相当普遍。

也就是说，无论在民众层面还是在精英层面，西方对美国和中国的认知在很多方面都是朝着有利于中国的方向发展的。但中国不能把西方视为整体，对美国的媒体战不能影响到中国和其他西方国家的交往，更不能把其他西方国家也置于美国范畴。中国不主动把其他西方国家视为美国阵营的一部分，美国也很难再确立一个类似美苏冷战时期那样的"西方"。

附录 1

讲好中国故事，
需要构建中国原创性政治经济学理论[①]

谈学术中国，首先要清楚我们的目标是什么。中国社会科学需要自己的原创性理论。正如原创性技术一样，原创性理论也是大国重器。

政治经济学是社会科学的核心

因为中国传统上没有现代意义上的社会科学，近代以来我们通过对西方社会科学的学习、借鉴及与之对话，在社会科学上取得了很大的成果。但在很多领域，我们的社会科学还是应用型的。这种局面是很难持续发展的。要创造中国的原创性社会科学理论，还是要从政治经济学入手，因为西方整个社会科学体系的

[①] 本文根据郑永年教授 2021 年 10 月在首届"学术中国"国际高峰论坛上的发言整理。

核心就是政治经济学。中国社会科学的核心也不可避免地是政治经济学。

对我们来说，政治经济学的核心问题是如何去构造原创性中国政治经济学理论。在西方，亚当·斯密、卡尔·马克思都是非常伟大的政治经济学理论家。但如果我们忽视他们理论的来源、思想的背景，就很难理解他们的理论。要构建和创造中国原创性政治经济学理论，首先要看我们的理论来源是什么。通过这些年的研究，我觉得至少有三大来源，我把它们称为三个传统。

第一个大的来源，即"大传统"，就是中国从秦汉到晚清两千多年的政治经济学实践经验。第二个来源，我把它称为"中传统"，就是近代以来的中国政治经济学实践经验。第三个来源，我把它称为"近传统"，就是改革开放以来的中国政治经济学实践经验。实际上，实践是最重要的中国政治经济学理论的来源。毛泽东说过，人的正确思想只能从社会实践中来。中国政治经济学的原创性理论也是基于中国的实践。

秦汉以来的"大传统"：三层结构下的政府－市场均衡

就传统的政治经济学而言，我们以前简单地认为传统是"封建落后"。五四运动以来，一句话就把传统打发掉了。这些年来，基于文化自信，我们开始从传统上去寻找我们的政治经济学来源。如果仔细去看，现代政治经济学的很多来源和思想都包含在传统里面了。比如，近代以来第一个真正的政治经济学学派是法国的重农学派，它的思想就来源于中国的古代经典，包括《易经》、道家的"无为而治"学说和儒家的"政府不与民争利"学说。最好的中国政治经济学经典是《管子》和《盐铁论》，里面包含了大量可以称为"政府经济学"的思想和构架，只是没有被系统化、概念化和理论化。

中国从汉代至今，实际上一直存在着一个由三层市场组成的混合经济体系。经济体系的顶端一定是国有资本，而在基层具有庞大的以中小微企业为基础的民营资本，中间层则是国有资本与民营资本互动的一个领域。实际上，近代人非常聪明，把中国经济、中国企业分成三类。第一类是"官办"，也就是今天的国有企业。第二类是"商办"，也就是我们说的民营企业。还有一类是"官督商办"，早期的"公私合营"、现在的PPP都属于这个类型。中国历史上，政府跟市场的作用基本上是相对均衡的。凡是政府作用跟市场作用相对均衡的时候，中国的经济发展就好，经济的发展也是可持续的。

当然，中国也有几段并不长的历史时期，市场的作用被弱化甚至消失了。一是两汉之间王莽改制时期，二是宋朝的王安石变法时期，三是明朝开国皇帝朱元璋改革时期，最后是改革开放以前的计划经济时期。应当指出的是，即使这四段时期里国家主义盛行，主要也还是为了应付因为经济结构失衡导致的经济上的危机。除了这四段短暂的时期，中国的政府跟市场之间一直是很均衡的。中国文明是世界上唯一一个没有中断的文明，中国的经济实践也是这样。王朝来来去去，经济实践总避免不了这三层市场结构。今天，我们又回归到传统的三层市场结构。

近代以来的"中传统"：马克思主义中国化

"中传统"主要是指以中国共产党为主导的"马克思主义的中国化"。我们强调马克思主义对中国的贡献，更要强调马克思主义对中国的贡献是通过马克思主义中国化实现的。

马克思主义中国化分成两段。1949年以前，马克思主义中国化主要解决的还是革命的问题，是建立一个政治秩序的问题。这一时期，我们是成功的。1949年以后，马克思主义中国化的第二阶段实际上在改革开放以前就已经开始了。最初，我们照抄照搬苏联的计划经济模式，但是很快发现苏联版的计划经济模式不适合于中国。所以，尽管当时苏联跟中国都实行计划经济，但苏联版本的计划经济跟中国版本的计划经济是不一样的，苏联版本的计划经济主要是靠中央政府的集权，而中国的经济活动，包括各方面的权利，甚至产权，是可以"分割"的，是由各级政府来掌管的。中国和苏联后来走上不同的改革道路，也是跟这有关系的。

改革开放以来的"近传统"：独立开放的现代化发展模式

第三个来源，我把它称为"近传统"，就是中国改革开放以来的实践。这个实践更广，因为这时中国的经济成长、经济发展是在开放状态下进行的。中国跟世界经济互动，中国通过向西方学习，和世界经济接轨，成为今天世界经济的一部分。但我们要意识到，中国向其他发展中国家提供了一种制度选择模式，也就是中国现代化模式，就是中国既取得了发展又保持独立。放眼当代世界，很多国家不开放就发展不起来，很多国家向西方开放，但是慢慢也变成依附于西方的一个经济体。中国模式是少数几个既开放又实现了自身独立发展的现代化模式之一。这是需要我们特别关注的，是政治经济学里面非常重要的一个方面。

实际上，这个现代化模式也跟第二段"中传统"有关系。我们对马克思主义的信念，是经过了中国化的。后来改革开放学西方，也从来没有简单地照抄照搬。正如习近平总书记所说，"鞋子合不合脚，只有穿的人才知道"[1]，而不是造鞋的人。改革开放以来，正因为跟世界经济互动，跟西方经济互动，我们各方面的体制发生了很大的转型，中国也从20世纪80年代那么穷的一个经济体，发展成为世界第二大经济体。中国更重大的成就，在于过去40年里实现了8亿人口脱离绝对贫困状态，这些都是世界经济奇迹。

---

[1] 2013年3月23日习近平在俄罗斯莫斯科国际关系学院的演讲，《人民日报》2013年3月24日。

从三大来源中寻找中国命题

未来要做什么？就大的传统来说，要好好总结传统实践经验。经济学家、社会科学家要去读历史，在两千多年的历史中寻找中国政治经济学的传统资源。西方的政治经济学是基于它的文明传统发展而来的，中国的政治经济学也应基于自己的文明和传统。

在"中传统"方面，我们要学习马克思主义政治经济学，更要强调中国的实践对马克思主义政治经济学的贡献，而不是简单地用马克思主义的思想来评判中国的政治经济实践。改革开放以来，中国的实践对马克思主义政治经济学至少有三大方面的贡献。一是产权制度。马克思根据当时西欧的条件，认为私有制是社会不公平、不公正的根源，所以要消灭私有制。中国现在实际上是混合所有制，国有经济占主导地位，但也容许、鼓励民营经济的存在，国有经济跟民营经济一起发力，促进了中国经济的成功。二是马克思主义国家理论。马克思当时根据西欧的情况，认为国家只是资本的代表。但这个论断解释不了传统的中国，更解释不了现在的中国，我们的政府、国家代表着最大多数人的利益。三是马克思主义的阶级或者阶层理论。马克思主义主要是一种革命与社会变革的理论。在和平时期，大部分国家都是强调阶级和谐、阶级利益协调。中国共产党作为中国的政治主体，没有自己的特殊利益，代表的是最大多数人的利益，要协调不同社会阶层、不同社会群体、不同地区之间的利益。

改革开放以来的"近传统"内容则更多了。我们在政治经济制度方面有很多创新，比如混合产权理论，还有我们的扶贫经验、追求共同富裕的经验、国家的动员机制、对外开放政策，加入世界经济体又不失独立性，跟世界接轨又对世界规则做出贡献，方方面面都有很大的挖掘空间。

要创建原创性中国政治经济学理论，就不要以西方的命题为命题，首先要找到中国的命题。现在做的很多研究都是西方的命题，用中国的经验材料，这种现象是不可持续的。如何找到中国的命题？我想近代以来的实践就是最好的中国命题。我希望同人们有意识地基于中国丰富的实践经验来构建我们的政治经济学理论体系。

附录 2

讲好中国故事，
世界性和中国性不可分割[①]

中国共产党建党一百周年了，在这一百年的历程中，共产党在革命时代和建设时代都取得了巨大的成功。尤其是从改革开放一路走来，中国成为世界第二大经济体。中国共产党为何能够取得如此成就？有怎样的理论、方法和实践？下一个一百年，中国如何能够屹立于世界舞台，携手共富，实现"人类命运共同体"的愿景呢？

中国共产党为什么能成功？

陈笺：郑教授您好！7月1日是中国共产党百年华诞，您认为中国共产党是一个怎样的政党？为什么能让中国取得如此重大的成就呢？

---

① 本文根据2021年8月凤凰网香港号陈笺对郑永年教授的采访整理。

郑永年：这个问题是非常非常复杂的，并不是几句话就能说明白的。现在很多人都说共产党成功的秘诀，我觉得其实共产党也没什么秘诀。共产党从革命到建设都是公开的，那么大的国家哪有什么秘诀？但（共产党的成功）确实有一些原则性的东西。我觉得我们理解共产党，首先就要理解两个区分，这非常重要。

第一，中国共产党所领导的革命和建设，跟以前中国传统社会的农民革命不一样。农民革命取得政权以后所做的事情和共产党所做的事情是不一样的。这个要区分开来。

第二，要把中国共产党跟其他国家，无论是西方发达国家还是发展中国家的一些政党，甚至像以前苏联、东欧那些政党区分开来。

以我个人的研究心得来说，中国共产党为什么成功？我们要看到近代以来的巨变就是以两次鸦片战争为标志开始，西方列强到了中国，中国传统政权被西方近代政权打败以后，我们就开始了现代化。

中国共产党的诞生跟这个大的国际环境分不开，深受两个因素的影响。一个是五四运动，中国共产党早期的领导人都跟五四运动有关系，还有一个就是国际共产主义运动。

为什么要强调这一点呢？因为我们要理解中国共产党，尤其要理解改革开放以后的历史，不看改革开放之前的30年，就理解不了，不看1949年以前的28年，也理解不了。甚至要看整个近代，因为中国共产党是在整个国际环境中成长起来的。所以我觉得这两点一定要搞清楚：中国共产党的革命是世界革命的一部分，中国共产党的建设是世界范围内经济发展、社会发展的一部分。

也因为我们是世界的一部分，西方社会对我们现在有不同的看法。如果中国完全是孤立状态，对西方世界毫无影响，对外边的世界毫无影响，那西方世界不会有什么意见，不会有任何看法。所以，五四运动和国际共产主义运动的故事一定要讲好。

同样的道理，改革开放以后，中国在全球化背景下成长起来，这个故事要讲好。实际上从经验来看，上一波全球化是从20世纪80年代的美国里根革命、英国撒切尔革命开始的，是西方新自由主义促动的。当时如果不是邓小平开启改革开放的话，这一波全球化就不会展开得那么迅速，就不会造成人们所说的"超级全球化"。可能正是因为中国跟西方的结合，这波全球化就演变成"超级全球化"，我们是在这波全球化中成长起来的。也是因为这波全球化，中国成为世界经济体的一部分。

现在我们讲中国共产党的故事，大家都努力从中国的角度出发，从中国各个地方的故事讲起，讲中国共产党的各个地方故事，这当然非常重要。中国共产党确实是在中国的土地上诞生的，但是我们也不要忘了中国共产党诞生的国际背景；我们的整个改革开放是在中国这块土地上开始的，但是我们也不要忘了中国改革开放的国际背景。理解了国际背景，有助于我们理解中国共产党为什么成功。因为我们成功或不成功，是比较而言的。与自己的以前、过去比较，假如说这几十年比过去更成功了，那我们是成功的。现在我们说自己靠近国际舞台中心了，站在国际舞台中心了，这是跟其他的政党在比较，我们是成功的。所以我们也只能通过比较而言，说我们是成功的，说我们为什么能。

例如，我们可以比较一下中国共产党和后发展国家的政党。二战以后，很多国家的独立运动都是由政党领导的，包括拉丁美洲、非洲、与中国邻近的亚洲国家，它们反殖民主义的独立运动都是由政党领导的，没有一个国家不是政党领导的。有些国家的独立甚至比中华人民共和国的成立还早，但是为什么那么多发展中国家，包括拉丁美洲、非洲、亚洲国家，没有几个发展得好的？有些就在20世纪六七十年代发展了一阵子，但是之后又长期陷入中等收入陷阱。比较一下，你就知道中国共产党为什么成功了。

我觉得十九大有一个提法很好，就是说我们是"中国式的现代化"。中国为那些既想得到发展又想求得国家与民族独立的国家提供了另一种选择、另外一种模式，即中国模式。比起这些国家，中国成功了，中国的发展有目共睹。中国是独立的，中国的制度没有变成西方的制度或者其他的制度，既发展又独立是中国模式的特点。拉美国家到现在为止还处于依附性发展，拉美学界、政界讨论了几十年如何改变这种依附性发展模式，到现在也改变不了。

面对西方的妖魔化，我们要反思"讲好故事"的方式

陈笺：您刚刚深入浅出地给我们介绍了中国共产党有什么特

点，是如何成功的。您提到中国共产党的发展并不是孤立于世界之外的，是世界革命的一部分，不但有中国性，也有世界性。尤其改革开放之后，正是因为向世界开放了，融入了世界的大家庭，我们抓住契机加快发展，国内完成了脱贫，这在国际上也是非常瞩目的一个成就，同时中国也成了世界第二大经济体。但是有一个问题我们一直在问，当我们感受到中国今天的成绩是因为制度的优越性时，为什么西方却对中国产生了恐惧感，甚至对中国的制度进行妖魔化呢？

郑永年：西方妖魔化中国很多年了，共产党从一开始就被人家骂，甚至可以说是在骂声中长大的。有一点我想特别强调一下，我们不能轻视西方的叫骂。不仅是中国共产党，世界上所有的共产党一开始就跟马克思主义有关系。从历史上看，西方第一波"围剿"的是什么？是欧洲发展起来的马克思主义。因为当时马克思的时代是西方原始资本主义时代，然后西方在马克思主义的引导下开始了社会主义运动。当时的西方国家合力"围剿"马克思主义，这是第一波大规模"围剿"。当然，马克思主义产生在西方社会内部，西方国家后来通过社会主义运动走向了福利社会，解决了这个问题。现在像德国、北欧社会就比较明显。

西方的第二波"围剿"是针对苏联的，因为苏联那时成为最大的马克思主义代表。整个美苏冷战就是西方"围剿"以苏联为代表的马克思主义国家。20世纪80年代后崛起的新自由主义就是当时西方"围剿"马克思主义理论过程中的产物。到了80年代以后，新自由主义就成为西方的主流意识形态。

现在西方开始了第三波"围剿",针对的是中国,因为现在中国成了共产主义的代表。对苏联,西方赢了,苏联解体了,西方现在开始"围剿"中国。接下去一段时间,我们会面临非常严峻的挑战,西方资本主义世界肯定"围剿"中国。

西方为什么恐惧中国?这要实事求是地看,西方也不是铁板一块。对于一些高度意识形态化的、反华且反共的人来说,中国怎么说,他们都会反对。这一点,任何国家都是一样的,任何国家都会有强硬派,都有视另外一个国家为敌人的一帮人。但是客观地说,西方主流社会对中国的不了解、误解,导致了它对中国的"恐惧"。我曾经看到一个民调说,大部分爱尔兰人认为中国共产党的目的就是要推翻颠覆爱尔兰的民主政治。这就是无中生有,如果稍微客观地看一看,就知道根本不是这样的。

那么为什么西方民众会这样想呢?一方面是因为他们受一些反华的西方媒体和政治人物的影响,但另一方面我觉得我们也要反思一下讲中国故事的方式。为什么?我们就从常识开始说。假如说你跟我有点像,非常相近,我就喜欢你;你跟我太不一样了,我一点也接受不了,我根本不认识你,就会产生恐惧感,大家对陌生的事物都会产生恐惧感。我们讲中国故事的目的就是让人家认识中国,喜欢中国,接受中国。

我们有时候说可以搞"熊猫外交",就是这个道理,因为谁都喜欢熊猫。我一直在想,中国改革开放以后有那么好的故事,我们从那么穷的一个国家变成世界第二大经济体,我以前上大学的时候,也就是20世纪80年代初,中国的人均GDP还不到300美元，到去年已达到11 000美元了。我们过去40年让8亿多人口脱贫，十八大召开到现在不到10年，1亿多人口脱贫。所有的这些数据在世界经济史上都是奇迹。我们的经验故事那么好，但是为什么没说好？所以，我觉得我们要找到与西方相同的地方，我们要张扬跟西方相同的地方，淡化跟西方不一样的地方。

但是我们现在讲中国故事，很多时候刚好相反，是为了突出我们的与众不同，我们的"uniqueness"（独特性），就是说"我就是这样，我就是跟你不一样"。但实际上，中国跟西方有很多共同的地方。例如市场经济的原则是一样的，只是中国的市场经济有一点中国特色。如果从这个角度来说，德国的政治经济跟美国的政治经济也是不一样的。英美国家是典型的新自由主义经济体，德国叫"社会市场"，也不一样，但人家有没有强调不一样呢？包括我们的政党体制，一些方面（和西方）是不一样的，但我们也有一样的地方。我们的政党体制，尤其是从改革开放以后，也容纳了很多具有普遍性的东西。老百姓的政治参与是不是具有普遍性的东西呢？我们政党的公开、透明是不是共同的东西呢？

所以我们要把中国放在世界地图里面来讲，我们要求同存异，同的东西多了，异的东西就少了，那么人家就接受你。以前中国离世界舞台比较远的时候，人家看不清你，你到底长得怎么样，人家也不在乎。现在你站在世界舞台中心了，大家希望你是他认识的，不是他一点也不认识的。所以我们讲故事，目的是让人家认识我们，接受我们。

习近平总书记这几年特别强调"人类命运共同体"的概念。"人类命运共同体"是什么意思？中国人、美国人、德国人、法国人，大家都有共同的命运，都是一样的人。我们都在追求我们所认为的那些具有普遍性的东西，都是为了发展民生、政治参与等。实际上我们可以把故事讲成什么呢？改革开放以后，我们就是以中国的方式在追求人类的普遍性价值。如果这样讲，大家就很容易理解，很容易接受。结果我们把自己刻画得好像凶巴巴的，就是说你们认同的东西我一点也不认同，这样就背道而驰了。

陈笺：郑教授，我作为一个媒体人，做了几十年的媒体工作，我们从多年前就一直在思考如何用世界语言讲好中国故事。您提出反思很重要，就是我们不能太强调我们的个性，而是要多讲共性。如何改变西方社会对中国、对中国共产党的感观和认知呢？

郑永年：我一直在说，要讲好中国故事，我们还是要做到"三个回归"：回归基本事实，回归科学，回归理性。这非常重要。现在西方一些人恶意地妖魔化攻击中国，中国人民当然很生气，必要的回击还是需要的。但是我们不要期望中国在国际社会中的软实力靠"对骂"就能骂出来。我个人的感觉是，西方越离谱，越不顾事实，我们越要坚守事实，因为事实是底线。如果西方不顾事实，我们也不顾事实，那大家就像"泼妇骂街"，毫无道理了。西方有些人有意地、有选择性地把中国的批评声放大，反而对他们的国民产生恶劣的影响，所以基本事实一定要照顾好。

再者，中国的孔子教育大家"己所不欲，勿施于人"。西方妖魔化我们，我们不喜欢，那么如果我们也妖魔化人家，人家也不喜欢。最近美西方的民主制度经历着严峻的治理危机，但是有的人就不管三七二十一，去批评西方的整个民主自由体制。

中国是文明国家，无论怎么改、怎么学美国，也不会变成美国那样的体制。中国向美西方体制学了很多东西，但目的是把自己变得更好。所以我觉得我们还是要回归基本事实，回归理性。

美国对华政策法西斯主义的崛起

陈笺：我很认同您所说的"己所不欲，勿施于人"。其实我们中国有很多很好的传统理念、金句，但是西方社会却看不到，而我们似乎越来越"美国化"。是不是中美在有些地方还是挺相似的，不知您怎么看？

郑永年：你说得特别对。我在很多年以前就说了，中国崛起之后如果变成另外一个美国，那么就是这个世界的一个灾难。很多发展中国家对中国有好感，就是因为它们觉得中国不一样。

七国集团提出一个中国"一带一路"倡议的"替代"计划，我认为这意味着中国的机会来了，而不是对中国的威胁。因为中国"一带一路"倡议的产生就是因为西方已经力不从心了，西方殖民主义、帝国主义的路线阻碍了这些发展中国家的发展，而我们的"一带一路"倡议就是在补这个缺，通过基础设施建设来促进当地经济。如果七国集团也从经济上跟中国竞争的话，那是中国的机会，是中国可以展示一下自己的特色、自己的方式比西方的方式更有效的一个机会。

所以我们怎么样心平气和地来看这个世界，决定了我们会如何找到塑造我们话语权的方式。有的人太情绪化了，一看西方所做的事就认为他们是在跟我们作对。现在社会上的阴谋论越来越多，认为美国人、欧洲人做什么都是在针对中国。如果这样，那么我们就变成美国那样了。美国人现在看中国就是这样，中国做什么，都好像是针对美国的。

佛蒙特州的参议员桑德斯6月在《外交事务》杂志发表了一篇文章，我觉得他的反思很好，认为美国把什么责任都推给中国。美西方媒体的一些人也注意到美国对华政策法西斯主义的崛起。对华法西斯主义的特点就是把所有问题和责任都推给中国，好像自己就是好的。

我们要注意到，在西方的历史上，法西斯主义往往跟西方的民主是结合在一起的，比如希特勒的、墨索里尼的、日本法西斯的。在这样的情况下，我们如果不做一个理性判断，就与他们"对骂"的话，反而促进了他们的法西斯主义的崛起。西方很多人也在担忧他们所谓的"战狼外交"，担心受影响的不仅仅是中美关系，而是西方内政。他们害怕"战狼外交"会助力西方内部法西斯主义的崛起，因为这种情绪正符合了极端反华力量的目的。

如果我们想到了这一点，我们就不会去"对骂"了。我们应当向全世界人民、向西方人民指出，把所有责任都推给中国实际上是一种法西斯主义，不仅不会解决美国内部的问题，反而会导致像一战、二战那样的大灾难。所以我们要从世界格局来考虑我们的问题，要从世界格局来考虑我们如何回应美国的问题。美国不理性的时候，我们也不理性，美国有情绪的时候，我们也有情绪的话，那就糟糕了。

世界性和中国性不可分割

陈笺： 确实，这就像我们在平常的生活中，一个人能够把自己的情绪发出来，这是本能，如果能够把情绪压下去，才是智慧。您说美国的《外交事务》杂志上已经有政治人物批评政府的对华政策了，这样的文章我们大多数人没有看到。以前我们看到更多的是特朗普的叫嚣，大家就会觉得这代表了美国的所有。其实美国的政客也好，学者也好，都在反思。

您多次提到要把中国的故事说好。您认为中国经验是成功的，但被世界误读是因为"中国叙事"话语没有取得应有的成功，原因何在？如何提升？

郑永年： 这个问题很重要，我也一直在思考。我在想，西方是怎么向其他国家讲故事的？我们说现在话语权掌握在西方那里。在西方，明明是具有特殊性的东西，但是它会把它包装成具有普遍性的。它是从世界的角度来讲故事，从人性最基本的常识来讲故事，没有那么高深，没有那么玄妙，是很朴实的。

以前传教士讲《圣经》故事就是最简单的，就是讲平常的生活。法国在大革命以后讲的故事，就说法国大革命追求的是自由、平等、博爱，这些都是符合人性的故事。

我觉得讲故事就要回归常识，我们明明可以讲好故事，为什么讲不好呢？实际上是因为脱离了基本事实，就是你所说的不（像）是一个真实的故事，专挑一些好故事讲，反而讲不好故事，因为人性本身是多元的。

比如，西方塑造的上帝多么神圣，但人们对上帝的看法都不一样。用多元的观点来看上帝，大家才觉得那是一个真实的上帝。如果只有某一个人界定的上帝才是上帝，那就不是上帝了。正因为上帝的多元性，所以上帝也是发展的。我们就喜欢很刻板的故事，一就是一，没有二了。只讲一些好的故事，那么反而不真实，所以我们要回归基本事实。

还有就是要找到具有普遍性的东西。西方很善于把特殊的东西讲得具有普遍性，讲着讲着就普遍了。我们本来可以讲普遍的东西，但我们只强调特殊性，讲着讲着好像我们就是非常特殊的了。

简单说一句，我们要讲世界的故事，世界观里面必须有世界。但我们现在讲故事的时候，世界观里面的世界越来越少，越来越小，甚至没有了。很多人说民族主义情绪、民粹主义情绪一来，就变成"我就是世界"，那就讲不好故事。

陈笺：所以讲故事并不只是一个技巧问题，而是要清楚自己国家是世界舞台上的一分子,是吗?

郑永年:是的。前段时间中国网络上有一个做饮食文化视频的女孩李子柒,为什么那么多人喜欢?因为这是真实的,这是普通人的生活。她做的东西,我也去网上看过,特别具有中国性,是特殊性的东西。为什么大家在里面看到了它的世界性,它的普遍性?就是因为它真实。

陈笺:是呀!真实的,才能打动人心。您的评论文章里也提出"中国问题世界化"和"世界方案中国化"这样的观点,怎么样更好地理解?

郑永年:我们前面已经讨论了,至少近代以来,甚至实际上更早从佛教传到中国以来,中国跟世界一直是不可分的。我们现在强调世界问题与中国方案,这非常对。世界问题是普遍性问题,但是我们找到了中国方案,用中国方案来解决这个普遍性问题。

例如扶贫,贫困是人类最普遍、最令人头疼的问题,不仅是发展中国家、落后国家的问题,也是发达国家的问题。中国扶贫40年,8亿多人口脱贫,表明对于反贫困这个世界性问题和普遍性问题,我们找到了中国的解决方案。但同时我们也不要忘记,对于中国问题,我们也是可以找到世界方案的。

例如共产主义革命,中国共产主义革命就是中国问题的世界方案,中国共产党领导的革命是世界共产主义革命的一部分。20世纪80年代以来,我们解决"贫穷社会主义"的问题,就是用世界方法来解决的。发挥全球化和市场的作用,处理好政府跟市场的关系，都是普遍性问题。然后世界性到了中国又具有中国特色，邓小平把中国的市场经济称为"社会主义市场经济"。世界性和中国性这两个方面是不可分的，这就是事实。

但是我们在叙述过程中，世界性没有了，国际性没有了，光有一个中国性。所以为什么现在西方世界不理解中国？因为我们光强调中国方案，没有强调我们的中国方案是用来解决世界性问题的。

西方现在就害怕了，很多西方人担心中国方案是要替代西方的东西，要替代西方的制度，要颠覆西方的民主，但实际上，哪有这回事情？这就是因为我们没有强调中国性和世界性的辩证关系，中国性和世界性有一个互相的关系，我们没有把它解决好。

讲好中国故事，要从基本事实、人性出发

陈笺：把握好辩证关系也很关键。作为中国的执政党，在发出中国声音，讲述中国故事时，具体来说应该怎么样增强亲和力以提升他人的接受度呢？

郑永年：我们首先回顾一下，环境为什么恶化？中国跟西方互相指责，恶化着中国和西方关系的环境。我们必须客观地承认，在话语领域，西方比我们具有优势。

这不是说我们一点优势都没有，而是说西方比我们更加有优势。美国现在 90% 以上的人对中国不友好，当然中国也有越来越多的民众对美国有负面的看法，两边的民众都表现出非常强烈

的民族主义色彩。简单地说,民族主义就是只看到自己,看不到别人。所以我觉得,我们叙述的时候要强调世界观。

最近为什么埃德加·斯诺的《红星照耀中国》又红起来了?我以前读过,现在也读。大家再去读一下,就知道为什么美国人会喜欢了。这本书对西方影响很大,不仅仅中国人喜欢。因为美国人看到,当时在延安,一帮年轻的中国共产党人在追求人类的普遍性价值,以中国人的方式、以艰苦的方式来追求。他们在这本书里面看到了他们想要的东西。

我们现在讲的故事,无论是我们自己讲的故事,还是西方学者讲的中国故事,西方民众从中根本找不到他们所需要的东西,反而找到了很多不喜欢的,这就是叙述方式的问题。

美西方越不顾事实,我们越要尊重事实。其中一个方式就是我们要更加开放。

我看西方媒体里也有一些西方人自己在中国走走看看之后写的故事。我觉得他们讲的中国故事里面,如果75%讲的是好故事,25%讲的是坏故事,就足够了。但是我们现在要求太高,必须是100%的好故事,哪怕有1%不好的故事,并且也不是那么负面的,我们就接受不了。这就不是真实的故事,只能是天方夜谭了。想象出来的东西,你怎么讲人家也不信,所以我们有那么多的好故事,为什么越讲人家越不信呢,是因为我们在故事里面附加了不应当附加的东西。

陈笺: 所以我们一直在思考怎样用世界语言讲好中国故事,其实这不是用什么语言的问题,也不是讲述故事的技巧问题,而是要有人性化的考量，就是要让人的内心产生共鸣，并不需要刻意去讲述一个完美的故事，是吗？

郑永年：讲故事就要基于基本事实，简单地从人性出发，从常识出发，没有那么高深的道理，没有那么多的意识形态，也没有那么多的所谓的价值系统，就是一个基本人性的问题。

陈笺：我们经常留意到，美国或者西方经常会把中国共产党和中国人民分开来。您认为这是对我们体制的不认可呢，还是故意挑拨执政党和民众的关系呢？

郑永年：这是两个层面的问题。第一个就是挑拨意图肯定是非常明显的。他们以前围堵苏联共产党也是这样，就是要从战略上、从意识形态层面打败中国。我刚才强调了围堵苏联共产党是西方"围剿"马克思主义的第二波，现在针对中国的是第三波，但他们使用的技术是一模一样的，一定要挑拨中国共产党与中国人民，挑拨中国共产党与其领导集体的关系。以前他们也是这样对待苏联、对待其他不友好国家的。所以，我们一定要警惕。

第二，我觉得我们也确实没有把中国共产党的故事讲好。我们现在讲的东西，当然也是有必要的，例如说中国共产党为什么能、中国共产党做了什么。但光讲这些是不够的，我们还要讲到这个行为背后的逻辑是什么。现在我们说共产党为什么能的时候，给大家的感觉就是，能就是能，好就是好，好像这是天生的、天然的。那背后的逻辑是什么？这个至关重要的问题还是要搞清楚。

"共产党是什么"还没有讲清楚，很少有讲得清楚的。从比较的角度，例如我刚才说的把中国共产党跟发展中国家的政党、以前东欧社会主义国家和苏联的政党、发达国家的政党做比较，从政党的角度来说明什么是中国共产党，这样的故事就很少很少。大家都在说"我在做什么、我做了什么"的故事，结果有些故事反而讲得不好。

陈笺：其实我们环顾全球，现在中国的养老金制度在不断完善提升，而西方发达国家的退休年龄在不断地往后推，其实差距越来越不明显了。中国确实各方面都好起来，我看到很多年轻人也不太愿意出国留学了，觉得我们国家是最好的，外面的世界对他们来说也不那么好奇了，这都是因为他们对国家的满意度提高了，是吗？

郑永年：即使是在中国的医疗、社会保障领域，我们也完全可以讲一个很好的有关共产党的故事，但是我们现在讲的故事只集中在共产党如何推动了医疗改革。为什么共产党有动力去做呢？我们没有把共产党的理念结合起来讲故事。

中国共产党是社会主义运动的产物。五四运动以后，中国接受了社会主义，而社会主义又跟中国以前传统的大同社会理念高度一致，那么共产党背后的理念就是这个。从邓小平的"一部分人先富起来"，到现在要走"共同富裕"道路，都是共产党的理念。如果明白了这些，大家就知道共产党为什么会往这个方向走，做那么多的事情，花那么多的钱去扶贫，花那么多的钱做社会保障。实际上，西方人想知道的那个部分，我们没有讲。

放眼下一个百年

陈笺：对，知其然，更要知其所以然，这尤为重要。那么最后我想请教的是，中国共产党在下一个百年，怎样才能真正做到与世界共同富裕，实现"人类命运共同体"的理念呢？

郑永年：在理念层面，我们是非常确定的，因为在世界层面，我们要共同富裕，这包含在我们提出的"人类命运共同体"概念中。"人类命运共同体"内容丰富，包括"一带一路"，我们怎么样向其他发展中国家分享我们的经济成果？美国以前有一个"睦邻政策"，中国在睦邻的基础上还讲了"和邻"，既要和平，还要"富邻"。如果一个国家富裕起来了，其他国家都是穷的，这个国家不会安全。就像一个村里面，你一家富裕起来了，其他都是穷光蛋，你会安全吗？你可能整天睡不着觉。所以这个"富邻"概念，就是让其他国家共享中国的发展成果。中国实际上在往这方面走，"一带一路"、亚投行、金砖国家合作机制等都是我们在尝试的各方面的实践。

第一个百年，中国共产党从诞生，到革命，到发展，跟世界密不可分；第二个百年，更密不可分了。现在要分都分不开了，因为中国已经站在世界舞台中心了。

所以我觉得中国更需要国际观，这方面我要强调一下，中国不要学美国。以前美国走向世界，它是非常有国际观的，但是美国后来越来越没有国际观，美国大部分的国会议员没有护照，不出国，怎么会有国际观？

当我们从一个穷国走向富国的时候，我们会有国际观，因为要向人家学习。等到成为一个强国的时候，我们特别要防止自己的世界观里面的世界性越来越少。你刚才说了年青一代，他们认为我们国家富裕起来了，情况很好了，觉得外面没有什么了不起，不想出去了，这是自然的。所以现在的人们有自觉的爱国主义，自下而上的爱国主义情绪很强烈，这一方面是很好的。但同时我们也要意识到，如果我们太以中国为中心的话，世界观没有了，以后中国这个世界大国也不好做。

陈笺：非常高兴能请郑永年教授跟我们详尽解读中国共产党能取得如此大成就背后的理念和原因。当我们感受到国家体制优越性的同时，为什么世界会对我们产生误解？最主要是因为"中国叙事"有待提升，而且说好中国故事也不仅仅是方式方法的问题，还有一个逻辑和理念的问题，只要把握好"人类命运共同体"的问题，中国的成就便能为世界所看到，也会得到世界更多的认同。谢谢您，郑教授。